改訂新版

編んであげたい♡
カラフルかわいい 犬のセーター

俵森朋子

chu♥

カラフルで楽しいデザインがたくさん！

この本のセーターは、シンプルなボーダー模様、伝統的な編み込み模様、トラッドなケーブル模様など、スタイルもいろいろです。いろんな犬に楽しんでもらえるよう、シンプルで飽きのこないデザインに、ちょっとだけ遊び心をプラスしました。

どのセーターも基本的なつくりは同じなので、ひとつマスターすれば次々とチャレンジできます。
色を変えたり、自分の犬に合わせてサイズをアレンジしたり、2頭飼いならおそろいにしてみたり…。できることはたくさん！

もちろん犬が動きやすい形で、暖かさ、実用性もバツグンです。
ぜひこの冬、1枚編んでみてください。

愛犬と飼い主さんがHappyな冬を過ごせますように。

俵森朋子

この本のセーターのこと

design
すっぽりかぶるセータータイプ

活発に動いてもずれることがなく、犬の体をすっぽりカバーしてくれるセーター形です。さらに首まわりをタートルにすれば、暖かさもバツグン。やんちゃなコもおとなしいコも、あらゆるタイプの犬におすすめのデザインです。

size
5つの既製サイズを基本に展開

犬は犬種により大きさに大きな違いがあります。この本では、小型〜中型犬の既製サイズを掲載しました。ズバリ同じでもいいし、サイズをアレンジしてよりフィットする大きさにしても。サイズの詳しい説明については、P34〜36をご覧ください。

material
犬に優しく扱いやすい素材

犬の肌は意外にデリケート。着心地のいい素材をメインに選びました。また、洗いやすいウォッシャブルタイプの糸を使ったセーターも。お好みの糸を選んで編んでみてください。

lead
リード用の穴があります

襟の部分にはリード通し用の穴を作りました。散歩時に襟が下がりすぎずに、首まわりの暖かさをキープできます。リードのつけはずしもラクチン！

もくじ

01

02 **03**

04 **05**

06

☆この本の作品は、すべてハマナカの糸と用具を使用しています。材料に関するお問い合わせは下記までお願いします。

ハマナカ株式会社

〒616-8585　京都市右京区花園薮ノ下町2番地の3　Tel. 075-463-5151（代）　Fax. 075-463-5159

e-mail アドレス info@hamanaka.co.jp　ホームページ hamanaka.co.jp

07  **08** **09**

10  **11**  **12**

Basic

基本のセーターを編んでみましょう

**ぴったりフィットする
デザインが魅力☆**

この本で紹介するのは、どれも基本のデザインは共通。襟はタートルネック、またはスタンドカラーで、すっぽりかぶるセータータイプです。襟や袖はお好みでアレンジもOK！ ぴったりフィットするのでずれる心配もなく、動きが活発なわんこにも安心のデザインです。

こんな
セーターです！

背中
長さはお好みでアレンジできます。
裾はゴム編みなので、ずるずるめくれる心配もなし。

襟
首まわりが暖かいタートルネックデザインがほとんど。デザインによっては、ショートタイプもあります。

袖
このセーターは袖つきタイプ。
袖はつけてもつけなくても、お好みでアレンジできます。

おなか
減らし目をして体にぴったりフィットさせます。長さは、男のコはおしっこがかからないように短め、女のコはお好みでOK。

■ 2つのパーツを編んでつないでから、襟と袖を編みます

背中身ごろ、おなか身ごろを1枚ずつ編んで、脇と肩をとじ合わせてから、
身ごろから目を拾って襟と袖を編みます。

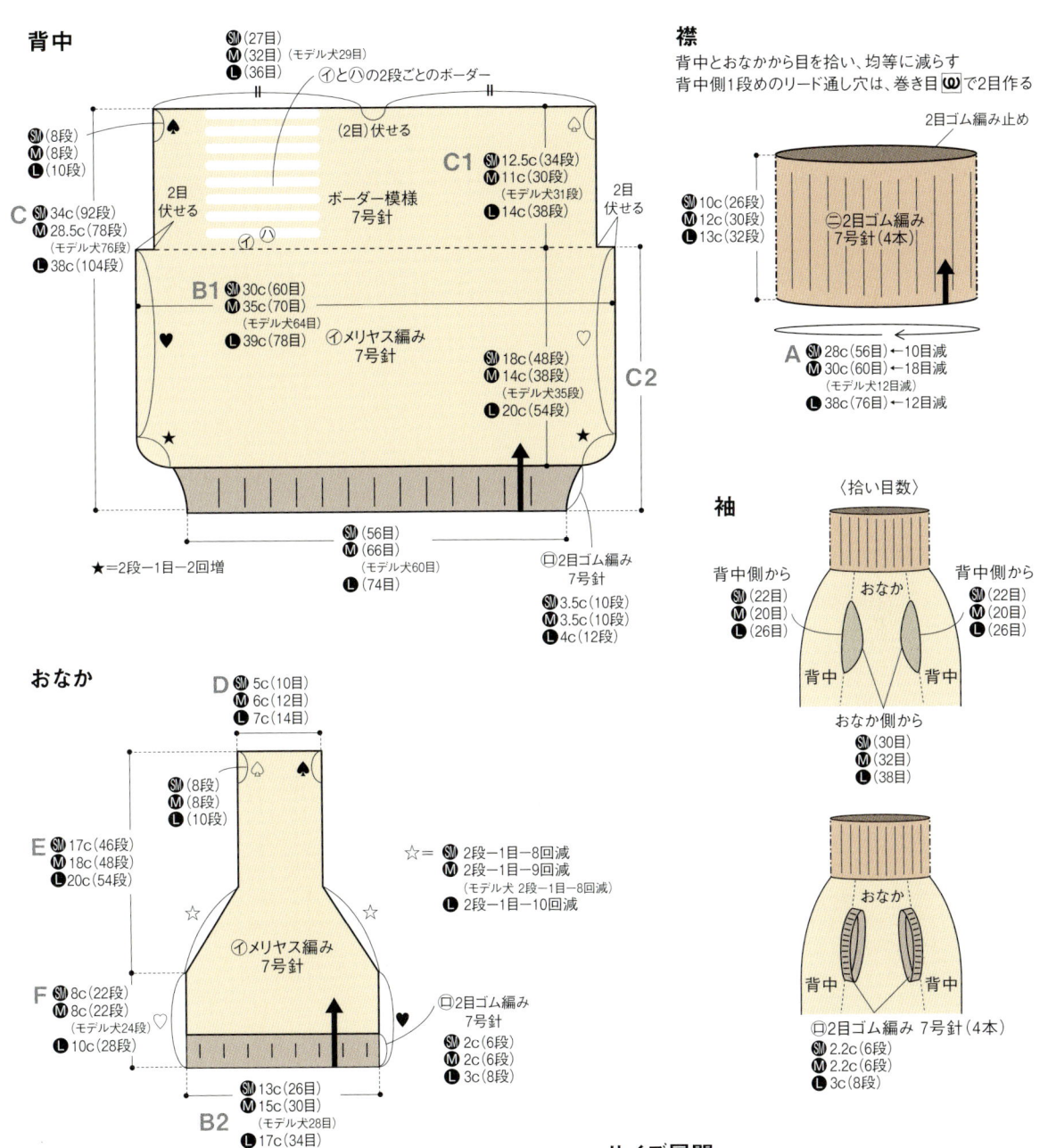

背中

Ⓢ(27目)
Ⓜ(32目) (モデル犬29目)
Ⓛ(36目)

①と／＼の2段ごとのボーダー

Ⓢ(8段)
Ⓜ(8段)
Ⓛ(10段)

(2目)伏せる

2目
伏せる

ボーダー模様
7号針

C1　Ⓢ12.5c(34段)
Ⓜ11c(30段)
(モデル犬31段)
Ⓛ14c(38段)

2目
伏せる

C　Ⓢ34c(92段)
Ⓜ28.5c(78段)
(モデル犬76段)
Ⓛ38c(104段)

B1　Ⓢ30c(60目)
Ⓜ35c(70目) (モデル犬64目)
Ⓛ39c(78目)

①メリヤス編み
7号針

Ⓢ18c(48段)
Ⓜ14c(38段)
(モデル犬35段)
Ⓛ20c(54段)

C2

★＝2段一1目一2回増

Ⓢ(56目)
Ⓜ(66目)
(モデル犬60目)
Ⓛ(74目)

□2目ゴム編み
7号針
Ⓢ3.5c(10段)
Ⓜ3.5c(10段)
Ⓛ4c(12段)

襟

背中とおなかから目を拾い、均等に減らす
背中側1段めのリード通し穴は、巻き目ωで2目作る

2目ゴム編み止め

Ⓢ10c(26段)
Ⓜ12c(30段)
Ⓛ13c(32段)

−2目ゴム編み
7号針(4本)

A　Ⓢ28c(56目)←10目減
Ⓜ30c(60目)←18目減
(モデル犬12目減)
Ⓛ38c(76目)←12目減

袖

〈拾い目数〉

背中側から
Ⓢ(22目)
Ⓜ(20目)
Ⓛ(26目)

おなか

背中側から
Ⓢ(22目)
Ⓜ(20目)
Ⓛ(26目)

背中　　背中

おなか側から
Ⓢ(30目)
Ⓜ(32目)
Ⓛ(38目)

おなか

背中　　背中

□2目ゴム編み　7号針(4本)
Ⓢ2.2c(6段)
Ⓜ2.2c(6段)
Ⓛ3c(8段)

おなか

D　Ⓢ5c(10目)
Ⓜ6c(12目)
Ⓛ7c(14目)

Ⓢ(8段)
Ⓜ(8段)
Ⓛ(10段)

E　Ⓢ17c(46段)
Ⓜ18c(48段)
Ⓛ20c(54段)

☆＝ Ⓢ2段一1目一8回減
Ⓜ2段一1目一9回減
(モデル犬 2段一1目一8回減)
Ⓛ2段一1目一10回減

①メリヤス編み
7号針

F　Ⓢ8c(22段)
Ⓜ8c(22段)
(モデル犬24段)
Ⓛ10c(28段)

□2目ゴム編み
7号針
Ⓢ2c(6段)
Ⓜ2c(6段)
Ⓛ3c(8段)

Ⓢ13c(26目)
Ⓜ15c(30目)
(モデル犬28目)
Ⓛ17c(34目)

B2

サイズ展開

	首回り(A)	胴回り(B)	背丈(C)	脚幅(D)	首〜脇(E)	脇〜腹(F)
Ⓢ	28c	43c	34c	5c	17c	8c
Ⓜ	30c	50c	28.5c	6c	18c	8c
Ⓛ	38c	56c	38c	7c	20c	10c

モデル犬 ＝ Mサイズベース
B(胴回り)を−4cm(−8目)、C(背丈)を−0.75cm(−2段)、
F(脇)を＋1cm(＋2段)調整。

サイズについて

この本で紹介するセーターは、S、SMロング、M、L、LLの5サイズ展
開をベースにしており、作り方ページにはそのうち3サイズの製図を掲載
しています。既製サイズを選んで作るもよし、よりフィットする大きさにしたい
方はサイズの調整をしてもよし、お好みの方法で作ってみてください。サイ
ズ展開、調整の詳細については、P34〜36をご覧ください。

材料

ハマナカ アメリー ⑦：col.3（からし色）
50g、⑨：col.8（薄茶）15g、⑧：col.20
（白）5g、⊖：col.4（オレンジ）15g

※材料のg数はモデル犬ベース

用具

ハマナカアミアミ2本棒針7号、4本棒
針7号、とじ針

ゲージ

メリヤス編み10cm角＝20目×27段

※説明はモデル犬サイズで説明します。
糸は1本どりで編みます。

■ 背中身ごろを編みます

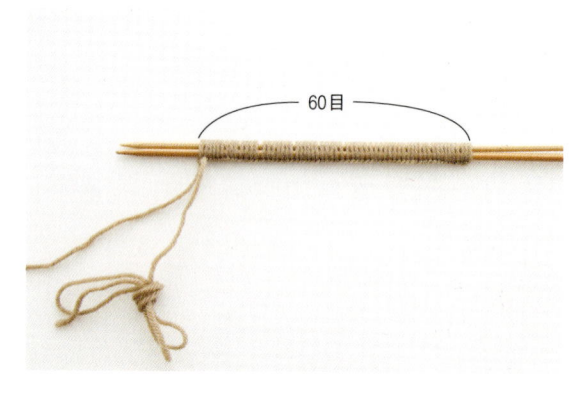

①1 作り目をします

糸⑨、一般的な作り目（⇒P37）で作り目をす
る。目がゆるまないように、適度に引き締め
ながら目を作る。このセーターはMサイズをア
レンジして、60目で編み始める。

②2 裾を編みます

続けて、2目ゴム編み（⇒P40）で裾を編む（こ
のセーターの場合は10段）。

□ ＝ I ⑨col.8（薄茶）　　I ＝ 表目

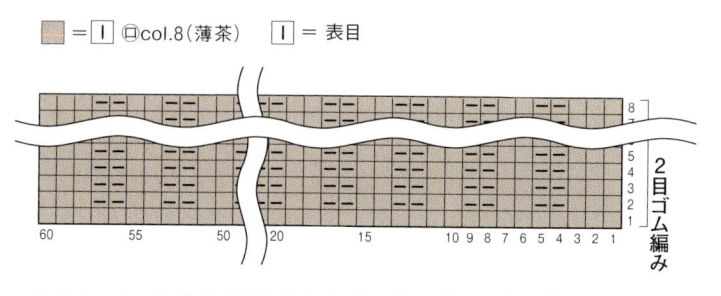

このセーターは身幅60目でアレンジ。編み始めと編み終わりは
表目3目にすると、均等な編み地になる。

03 袖ぐり手前まで編みます

糸を①に替えてメリヤス編み（⇒P40）で本体を編みます。本体1〜4段めの両端で2段に1目ずつ、計4目増し目（⇒P41）をして、袖ぐり手前まで編む。袖ぐり部分は本体35段めの両端で2目ずつ目を伏せる（⇒P41〜42）。

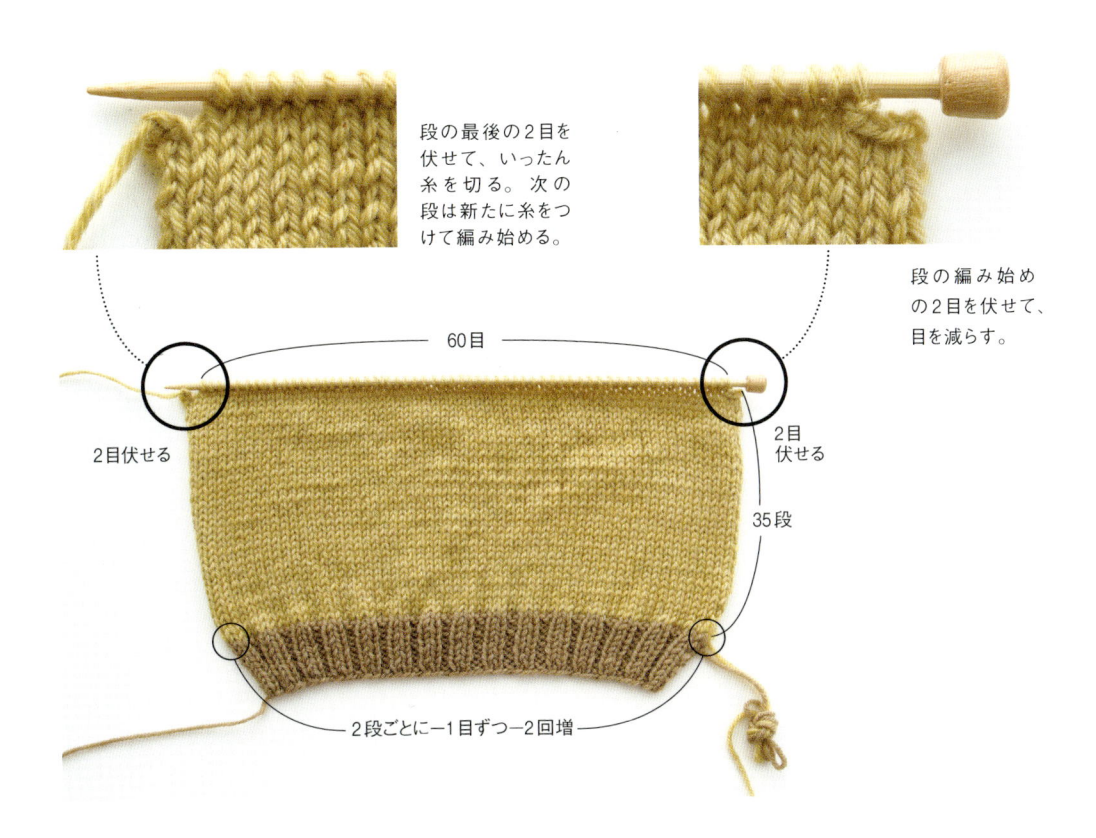

段の最後の2目を伏せて、いったん糸を切る。次の段は新たに糸をつけて編み始める。

段の編み始めの2目を伏せて、目を減らす。

60目

2目伏せる

2目伏せる

35段

2段ごとに一1目ずつ一2回増

04 襟ぐりまで編みます

本体36段めを①で編み、37段めからは糸⑧と糸①を2段ずつ交互に替えてボーダー模様で編む。最後の66段めは、中心の2目を伏せてリード通し用の穴を作る。これで背中身ごろのでき上がり。編み目はそのまま休めておく。

31段

背中身ごろの中心で2目伏せる。襟を編むときの1段めで目を作ることでここに穴ができて、リードが通せるようになる。

■ おなか身ごろを編みます

18段
6段
28目

01

裾の2目ゴム編みからスタート

糸回、一般的な作り目28目で編み始め、2目ゴム編みを6段編む。糸①に替えておなか本体を編み始める。そのまま増減なしで18段編む。

02

減らし目をします

2段に1回ずつ両端で1目ずつ目を減らし、片側8目ずつ、計16目減らして12目にする。そのまま増減なしで計66段になるまで編む。

右上2目一度 ⟋

右側の減らし目
編み始めの2目を右上2目一度（⇒P39）で編み、1目減らす。

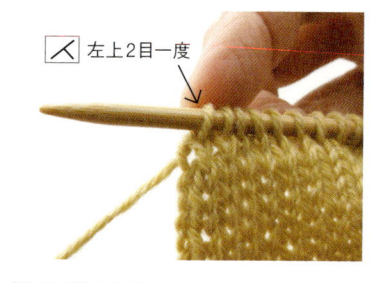
⟋ 左上2目一度

左側の減らし目
最後の2目を左上2目一度（⇒P39）で編み、1目減らす。

12目
48段
2段ごとに−1目ずつ
−8回減

10

■ 身ごろをとじます

背中身ごろとおなか身ごろの♡と♥同士（脇）を
すくいとじ（⇒P43）でとじる。

次に♧と♠同士（肩）をすくいとじでとじる。

目と目の間の渡り糸
をすくってとじる。

■ 襟と袖を編みます

［襟］

  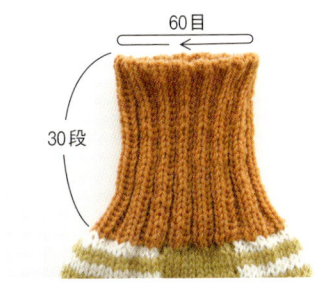

休めていた背中身ごろとおなか身ごろ
の目を、3本の針に分ける。

糸☐で均等に目を減らしながら1段めを表
目で編む。リード通し用の穴部分（P9の
手順4の2目伏せ目）は、巻き目（⇒P38）
で2目作る。12目減らして計60目にする。

2段めから2目ゴム編みでわに編み、計
30段編む。2目ゴム編み止め（⇒P42）
で目を止める。

［袖］

できました！

糸☐に替えて背中側から20目、おなか側から32目
拾い、計52目を2目ゴム編みでわに編む。6段編
んで、2目ゴム編み止めで止める。

01 ボーダーフェアアイル

モーブな色合いの配色。ボーダーとフェアアイル模様を組み合わせたリズムのあるデザインです。

How to make : P44·46　糸:並太ストレート糸

Front

Ⓐ ブルーグレー✕グリーン
Dog:MUU（トイプードル）♂2歳
Size:SMロングサイズをアレンジ

Ⓑ オレンジ×紫系
Dog：モフ（アメリカン・コッカー・スパニエル）♀4歳
Size：Mサイズをアレンジ

Front

02 タータンチェック

トラッドテイストのタータンチェック。
市松に編んで、縦のラインはあとからチェーンステッチで入れるので、意外にカンタン！

How to make：P47-49　糸：ハマナカ エクシードウールL〈並太〉

Dog：モモ（ボストンテリア）♀6歳　**Size**：Mサイズをアレンジ

Back

03 アーガイル模様

メンズセーターのような、シックな配色！　シンプルで飽きがこないデザインです。

How to make：P66-68　糸：ハマナカ ソノモノアルパカウール ＋ ハマナカ メンズクラブマスター

Dog：レオ（ミックス）♂14歳　**Size**：LLサイズをアレンジ

04 カラフル☆フェアアイル模様

フェアアイル模様は多色使いが魅力。
ビビッドな黄色やオレンジを効かせて、組み合わせを楽しみます。

How to make：**P50-51**　　糸：ハマナカ コロボックル

Dog：ぬいぬい（ラサアプソ）♂1歳　　**Size**：Mサイズをアレンジ

05 カラフルボーダー

キャンディみたいなかわいい色のしましま模様。配色は、毛色に合わせてお好みでアレンジしてみて！

How to make：**P52-53** 　糸：並太ストレート糸

Dog：コボ（ウェリシュ・テリア）♀10歳　**Size**：SMロングサイズをアレンジ

06 ノルディック模様

トナカイやツリーを組み合わせた北欧風のセーター。編み込みは糸が二重になるので、
暖かさもアップします。Ⓐはおなか側も編み込み、Ⓑはあっさり無地タイプ。お好みでどうぞ。

How to make：P54-55　糸：ハマナカ アメリー

Ⓐ 黒✕白

Dog：コフク（ミニチュア・シュナウザー）♂2歳
Size：Mサイズをアレンジ

Ⓑ 赤✕白

Dog：ナジャ（ミニチュア・シュナウザー）♀13歳
Size：Mサイズをアレンジ

07 アラン透かし模様

アラン模様と透かし編みを組み合わせたデザイン。
ネップの入ったツィード糸で表情豊かに仕上げました。

How to make：P56-57　糸：ハマナカ アランツィード

Ⓐ ローズ

Dog：Abbie（ミニチュア・プードル）♀9歳
Size：SMロングサイズをアレンジ

Front

Front

Ⓑ ブルー

Dog：Oliver（ミニチュア・プードル）♂9歳
Size：Lサイズをアレンジ

08 ボーンポケットセーター

カラフルな配色＆ボーン模様のポケットつきで、楽しい雰囲気いっぱい！
好きな色を選んでアレンジしてみて。

How to make：**P58-59**　糸：ハマナカ アメリー ＋ ハマナカ モヘア

Ⓐ 黄緑 × 紫系

Dog：Mac Jr.（カニンヘン・ダックスフント）♂2歳
Size：SMロングサイズをアレンジ

Ⓑ からし色 × ターコイズ系

Dog：とむ（ミニチュア・ダックスフント）♂11歳
Size：SMロングサイズをアレンジ

Front

Front

09 カウチン模様

極太糸で模様を編み込むカウチンセーター。冬の寒さからしっかり守ってくれます。
しかも軽いので、動きやすさもバツグン！

How to make：**P60-61**　糸：ハマナカ カナディアン 3S

Back

Ⓐ Lサイズ

Dog：三太（柴犬）♂2歳　**Size**：Lサイズをアレンジ

Ⓑ SMロングサイズ

Dog：ジャズ（チワワ）♂2歳
Size：SMロングサイズをアレンジ

 Back

10 シンプルなアラン模様

大小のなわ編みを組み合わせたアラン模様のセーター。
シンプルだけどトラッドな印象で、いろんな犬に似合うデザインです。

How to make：**P62-63**　糸：ハマナカ アランツィード

 グレー

Dog：Beat（ジャックラッセル・テリア）♂10歳　**Size**：Mサイズをアレンジ

B ベージュ

Dog：Pearl（ジャックラッセル・テリア）♀3歳
Size：SMロングサイズをアレンジ

Back

27

11 ミックス糸の透かし模様

グラデーションがきれいな段染め糸で、控えめな透かし模様をあしらって。
どこか懐かしいノスタルジックなセーターです。

How to make：**P64-65**　糸：ハマナカ 純毛中細〈グラデーション〉 + ハマナカ 純毛中細

Ⓐ 赤系

Dog：ナナ（シェルティ）♀14歳　**Size**：Lサイズをアレンジ

Ⓑ コーラル系

Dog：ピピ（ミックス）♀7歳　**Size**：Mサイズをアレンジ

Back

12 ハート&クロス模様

色違い、模様アレンジのおそろいセーターは、ボーダーとの組み合わせで楽しさもアップ♪

How to make：P69-71　糸：ハマナカ メンズクラブマスター

Ⓐ ハート

Dog：Sumire（ミックス）♀3歳
Size：L サイズをアレンジ

Ⓑ クロス

Dog：Lou（ミックス）♂3歳
Size：LL サイズをアレンジ

この本で使った糸のこと

肌触りのいいウール、洗いやすいナイロン混紡など、この本のセーターで使った糸をご紹介します。

コロポックル
中細よりやや太めの仕立てで、くつ下や手袋などの小物ニットに向く。
25g玉巻（約92m）　20色　棒針3〜4号　かぎ針3/0号

ハマナカ純毛中細〈グラデーション〉
小物を編むのに最適な中細のストレートヤーン。単色タイプ（全35色）もある。
40g玉巻（約160m）　10色　棒針3号　かぎ針3/0号

アメリー
アクリル混で洗うのもラク。発色のいい並太タイプ。
40g玉巻（約110m）　53色　棒針6〜7号　かぎ針5/0〜6/0号

ハマナカモヘア
アクリルと高級モヘヤをミックスした細タイプのモヘヤ起毛糸。
25g玉巻（約100m）　34色　棒針5〜6号　かぎ針4/0号

エクシードウールL〈並太〉
ソフトでしっとりした肌触りが魅力の最高級ストレートヤーン。
40g玉巻（約80m）　39色　棒針6〜8号　かぎ針5/0号

アランツィード
軽さとソフトな風合い、太めのネップが特徴の並太ツィードタイプ。
40g玉巻（約82m）　16色　棒針8〜10号　かぎ針8/0号

ソノモノアルパカウール
原毛本来の色調を生かした風合いのいい天然素材。
40g玉巻（約60m）　9色　棒針10〜12号　かぎ針4/0号

メンズクラブマスター
防縮加工を施したウールをブレンドしたウォッシャブルタイプ。
50g玉巻（約75m）　28色　棒針10〜12号　かぎ針10/0号

カナディアン3S
本格カウチンヤーンを半分の太さ（3ストランド）に仕立てた糸。
100g玉巻（約102m）　15色　棒針13〜15号　かぎ針10/0号

＊糸、用具に関するお問い合せは、下記までお願いします。
ハマナカ株式会社
〒616-8585　京都市右京区花園藪ノ下町2番地の3　Tel. 075-463-5151（代）　Fax. 075-463-5159
e-mailアドレスinfo@hamanaka.co.jp　ホームページhamanaka.co.jp

編み始める前に知っておきたいこと

用具やゲージのことなど、知っておきたいことをまとめました。

■ 必要な用具

[編み針]

この本のセーターはすべて棒針で編みます。身ごろなど平面のものを編むときには2本棒針、襟や袖などわに編むときには4本棒針（または輪針でも）を使います。

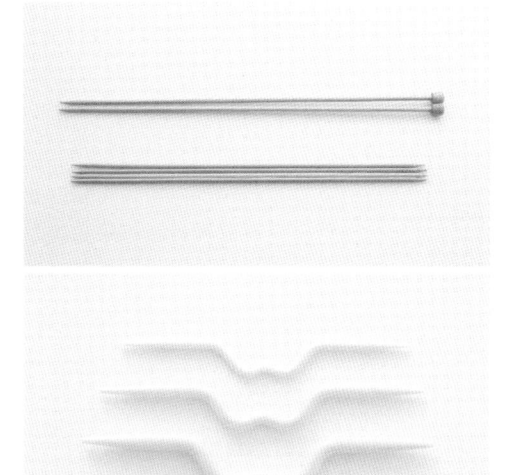

針は号数の数字が大きくなるほど軸が太くなります。
ハマナカアミアミ2本棒針、4本棒針

[なわ編み針]

なわ編みを編むときに休める目をこの針に取り、そのまま編み針として使います。

くぼんでいる部分に目を取り休めます。
ハマナカなわあみ針（3本セット）

[とじ針]

ゴム編みの目を止めたり、編み地をとじるときなどに。糸の太さに合わせた針を使います。

糸処理全般に使うので、ぜひそろえて。
ハマナカ毛糸とじ針セット（6本セット）

■ ゲージのこと

編み始める前にかならずやっておきたいのが、ゲージをはかること。ゲージとは編み目の大きさがわかる目安で、10cm角の編み地の中の目数、段数を表します（模様単位の場合も）。まずは作品と同じ糸と針で試し編みをして、作り方ページにあるゲージと比べてみましょう。

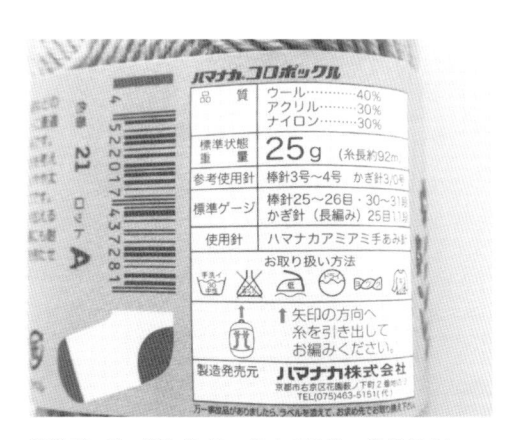

ゲージのはかり方

作品と同じ糸、同じ号数の針で15〜20cmくらいの編み地を編む。編み地の中央10cm角の部分の目数、段数を数えて、ゲージと比べてみて。ゲージよりも目数や段数が多い場合には編み目がきついので、少しゆるめに編むか、1号太い針に替えて再度試し編みを。少ない場合は編み目がゆるいので、少しきつめに編むか、1号細い針に替えて編みます。

標準ゲージ＝編み地10cm角中の目数、段数のこと。糸のラベルにも表示されています。

セーターのサイズについて

自分の犬によりフィットしたサイズを選んで編みましょう。

■ この本の作品は既製5サイズがベース

この本のセーターは、S、SMロング、M、L、LLの5サイズをベースにしており、作り方ページでは、モデル犬着用サイズを中心にした3サイズの製図を掲載しています。モデル犬は、ほとんどが基本サイズを少し調整して、よりフィットした大きさにしていますが、既製サイズのまま編んでももちろんOK。ご自分の犬に近いサイズを見つけてください。また、P36の製図シートを利用して、ぴったりサイズに仕上げることもできます。

■ サイズのはかり方

首まわり（A）、胴まわり（B）、背丈（C）、脚幅（D）、首〜脇の長さ（E）、脇〜腹の長さ（F）のサイズをはかります。基本の5サイズの中から、ご自分の犬のサイズに近いものを選びましょう。

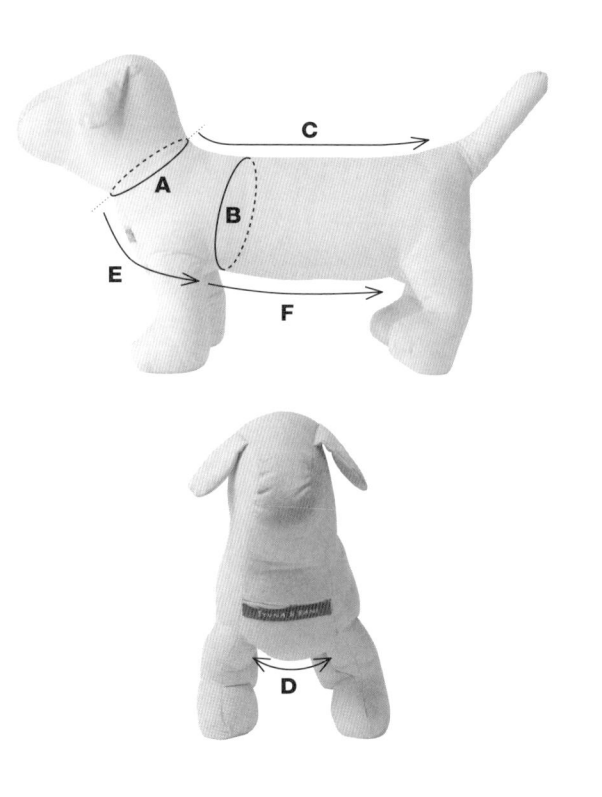

A	首まわり	首の周囲を一周したサイズ。首輪をつけるところをはかります。
B	胴まわり	前脚後ろのつけ根から胸をぐるっと一周したサイズ。犬種にもよりますが、胴のいちばん太い部分。
C	背　丈	首まわりからしっぽのつけ根までをはかります。
D	脚　幅	立っているときの前脚つけ根の内側の幅。
E	首〜脇	首まわりから前脚つけ根の後ろ側までをはかります。
F	脇〜腹	前脚つけ根の後ろ側から、カバーしたいおなかの長さ。

■ 基本の5サイズ展開

記載の寸法は目安です。デザインによっては柄パターンを優先して前後する場合があります。

既製サイズ（cm）		S	SMロング	M	L	LL
	犬種の目安	チワワ（大）、パピヨン、トイプードル（小）、ポメラニアン、ヨークシャーテリア	ミニチュア・ダックス、トイプードル（大）、シーズー、ジャックラッセル・テリア（小）	ミニチュア・シュナウザー、ジャックラッセル・テリア（大）、アメリカン・コッカー・スパニエル、ウエスト・ハイランド・ホワイトテリア、キャバリア・キングチャールズ・スパニエル、ワイヤー・フォックス・テリア	柴犬、ウエルシュ・コーギー・ペンブローク、フレンチ・ブルドッグ、和犬ミックス、ミニチュア・プードル	シェットランド・シープドッグ、ボーダーコリー、ハウンド系
	体重の目安	3〜4.5kg	4.5〜5.5kg	6〜7kg	8〜10kg	12〜14kg
A	首まわり	25	28	30	38	42
B ※1	胴まわり	40	42	50	55	62
	B1 背側　**B2** 腹側	28　12	29　13	35　15	38.5　16.5	43.5　18.5
C ※2	背丈	25	35	30	40	55
	C1 首〜脇　**C2** 脇〜尾	8.8　16.2	12.5　22.5	10.5　19.5	14　26	19.5　35.5
D	脚幅	5	5	6	7	8
E	首〜脇	15	17	18	20	22
F	脇〜腹（※3）	6	8	8	10	12

※1　B1＝B×0.7　B2＝B×0.3　細かい数字は繰り上げ。
※2　C1＝C×0.35　C2＝C×0.65　表示はフルサイズ。細かい数字は繰り上げ。
※3　表示は男のコサイズ（おしっこのかからない長さ）。女のコは長め、短め、お好みでOK。

■ サイズの決め方

［既製サイズから選ぶ］

ご自分の犬に近いサイズが見つかったら、そのまま既製サイズを選んで編みましょう。ニットは伸縮性があるので、多少の違いはカバーできます。また、ゲージをはかって、多少なら編み針の太さで調整することもできます。

［自分サイズにアレンジ］

よりフィットさせたいなら、各サイズをご自分の犬のサイズに合わせて調整しましょう。まず基準となる既製サイズを選び、その数字を増減してゲージから目数、段数を算出すると簡単です。

サイズと製図の関係

製図とは、セーターの設計図。P34〜35で説明した各サイズは、製図に落とし込むと以下のような仕組みになります。オリジナル製図で作りたい場合は下記のシートをご利用ください。

０１　犬のサイズを測ります

A：首まわり			cm
B：胴まわり ※1	cm	B1	cm
		B2	cm
C：背丈 ※2	cm	C1	cm
		C2	cm
D：脚幅			cm
E：首〜脇			cm
F：脇〜腹 ※3			cm

※1　**B1**：**B2** ≒ 7：3
背中が平べったく広い犬は広めに、とんがって狭い犬は細めにします。標準的な犬はこの比率でOKです。

※2　**C1**：**C2** ≒ 3.5：6.5
首〜脇は**C1**（**C**×0.35）。脇から下の長さはお好みで決めてOK。
フル丈 ＝ **C1**＋**C2**
9分丈 ＝ **C1**＋**C2**×0.9
7分丈 ＝ **C1**＋**C2**×0.7

※3　長さは男のコはおしっこのかからない位置に、女のコは長めでもOK。

０２　製図を作ります

[背中]

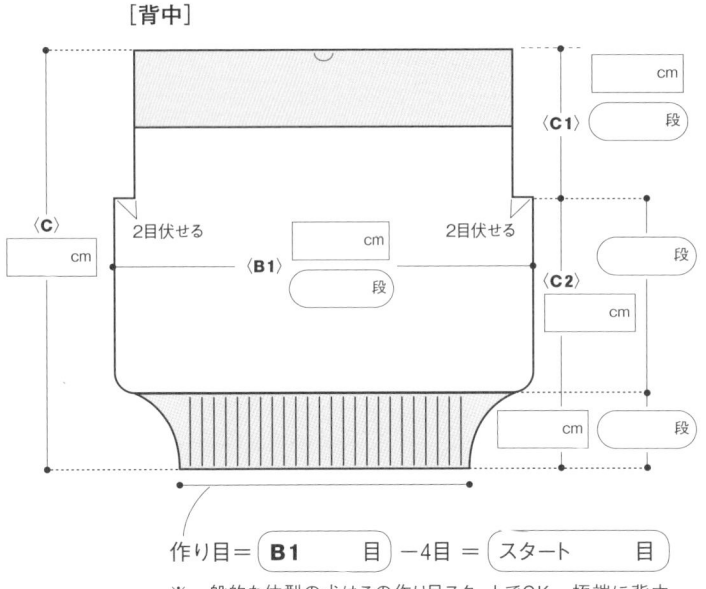

[おなか]

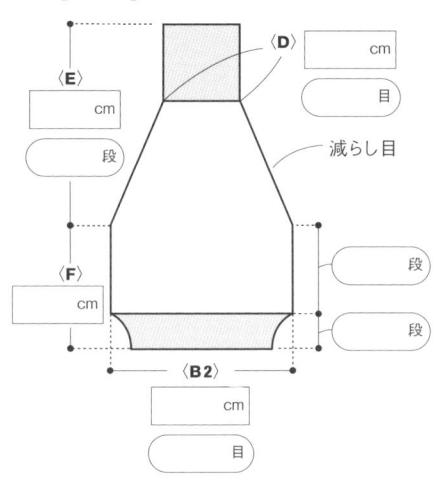

減らし目

作り目＝ [B1 　　目] －4目 ＝ [スタート　　目]

※一般的な体型の犬はこの作り目スタートでOK。極端に背中の広い犬は、目を減らさずに**B**1と同じ作り目でスタート。逆にイタリアングレイハウンドのように極端におなかが細くなる犬は、4目よりも多めに減らします。

減らし目

減らし目は**D**の幅になるまで1段おきに1目ずつ減らします。**D**の幅になったら、そのまままっすぐ**E**の長さになるまで編みます。

[襟]

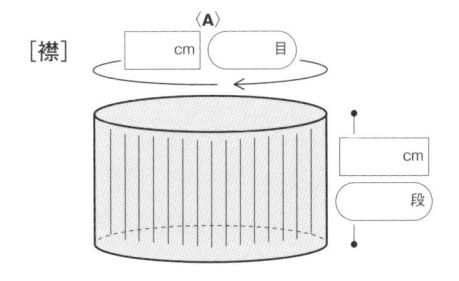

襟の高さ

襟の高さはお好みで。首の短い犬は低めに、長い犬は高めにしても。作品は標準的な高さです。また、[背中]＋[おなか]からの編み始め＝〈**A**〉ではありません。ゴム編みで締まっていくので、大丈夫。

０３

模様を調整します

各作品の「サイズ調整のポイント」を参考に、ボーダーの幅や模様のピッチを決めてください。

棒針編みの基礎

作り目

一般的な作り目

糸端側を必要寸法の約3.5倍とって、棒針を使って作り目をします。
このとき、目をあまりきつく締めすぎると、編み地の端がつれたような仕上がりになってしまうので、
編み地で使用する針より1～2号太めの針で少しゆるめに作るか、使用する針2本を使って作ります。

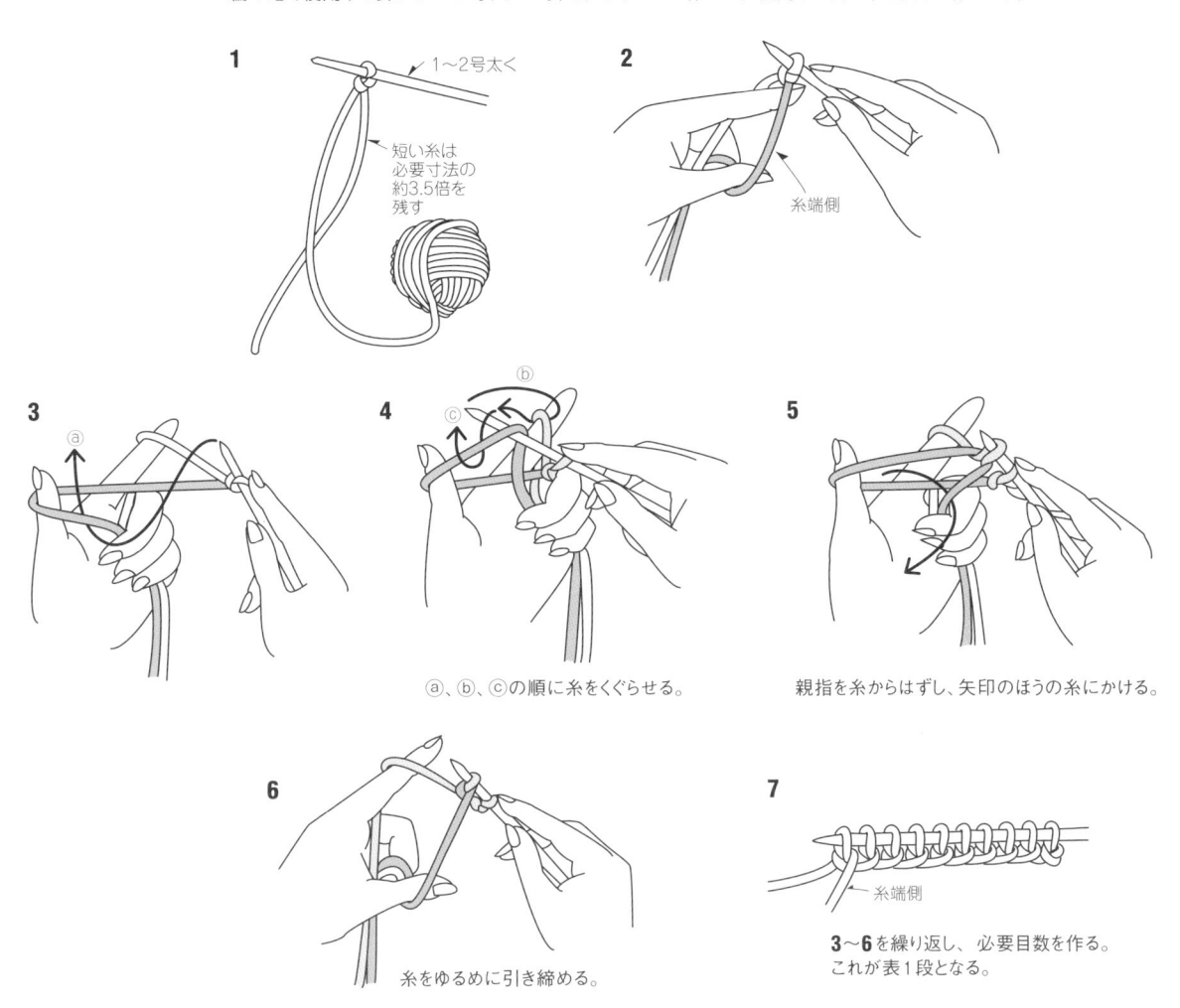

1 1～2号太く／短い糸は必要寸法の約3.5倍を残す

2 糸端側

3

4 ⓐ、ⓑ、ⓒの順に糸をくぐらせる。

5 親指を糸からはずし、矢印のほうの糸にかける。

6 糸をゆるめに引き締める。

7 糸端側

3～6を繰り返し、必要目数を作る。
これが表1段となる。

編み目記号と編み方

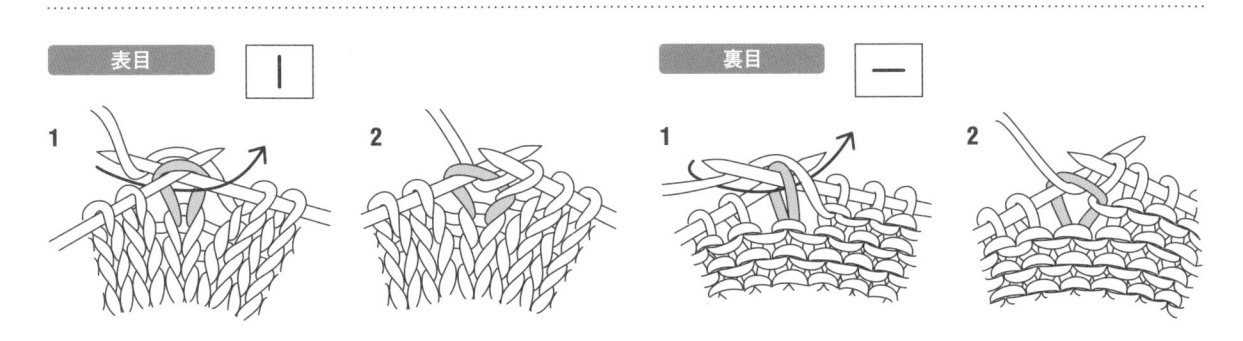

表目 ｜

1　　**2**

裏目 ―

1　　**2**

編み目記号と編み方

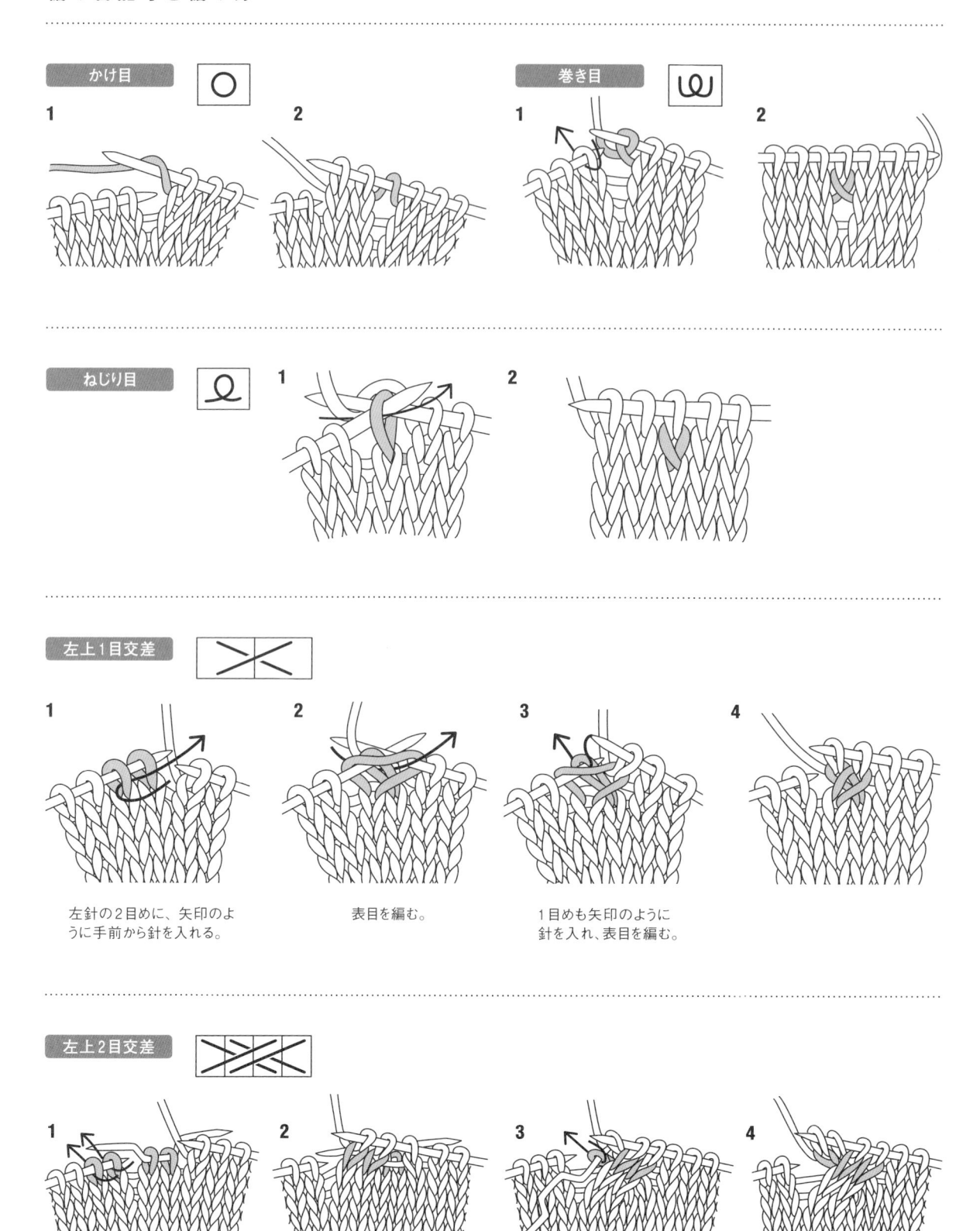

かけ目 ○

1

2

巻き目 ω

1

2

ねじり目 Ω

1

2

左上1目交差 ✕

1
左針の2目めに、矢印のように手前から針を入れる。

2
表目を編む。

3
1目めも矢印のように針を入れ、表目を編む。

4

左上2目交差 ✕✕

1
右側の2目をなわ編み針に移し、向こう側に休めておく。

2
左の2目を表目に編む。

3
休めておいたなわ編み針の2目を表目に編む。

4

右上2目交差

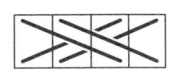

1
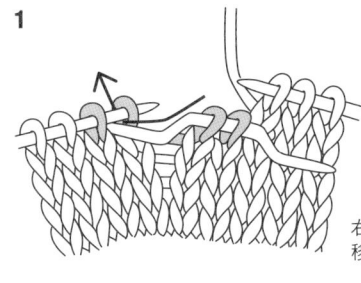
右側の2目をなわ編み針に移し、手前に休めておく。

2
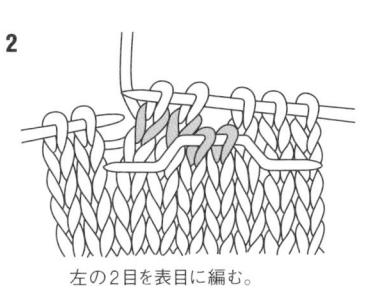
左の2目を表目に編む。

3
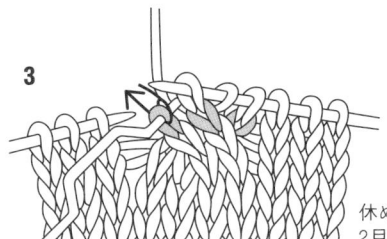
左の2目を表目に編む。

4
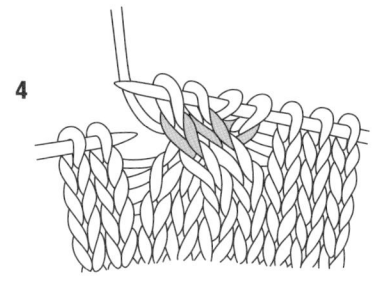
休めておいたなわ編み針の2目を表目に編む。

右上3目交差

1
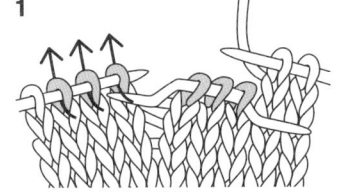
左の針の3目をなわ編み針に移し、手前に休めておく。

2
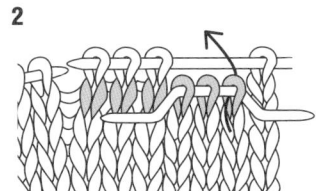
左の3目を表目に編む。

3
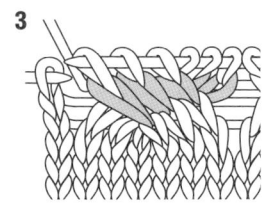
休めておいたなわ編み針の3目を表目に編む。

右上2目一度

1
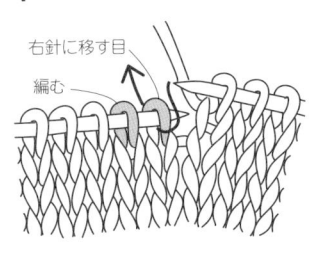
左の針の目を編まずに右の針に移し、次の目を表目に編む。

2
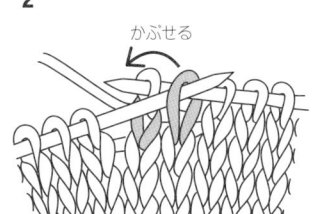
編まずに移した目を左の目にかぶせる。

3
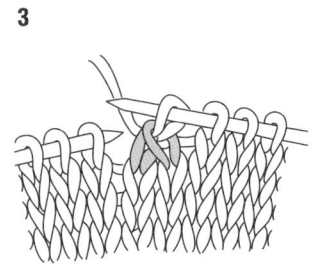

左上2目一度

1
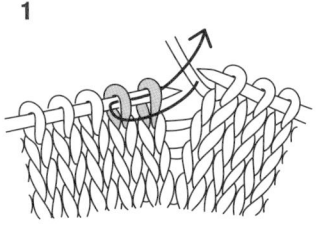
2目の左から矢印のように針を入れる。

2
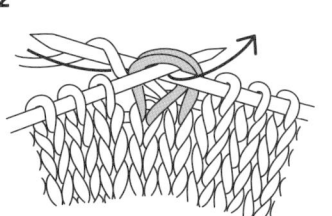
2目を一度に編む。

3
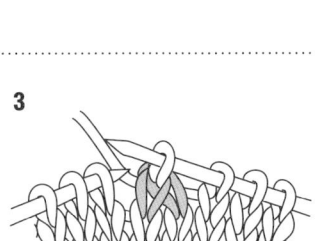

編み目記号と編み方

中上3目一度

1

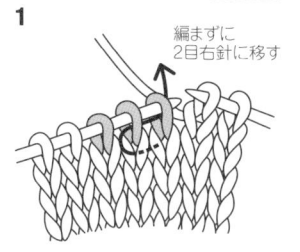

編まずに
2目右針に移す

右側の2目に矢印のように針を
入れ、編まずに右の針に移す。

2

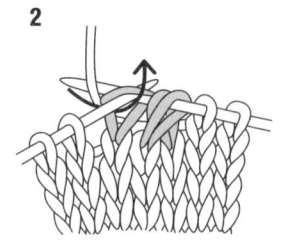

次の3目めを表目に編む。

3

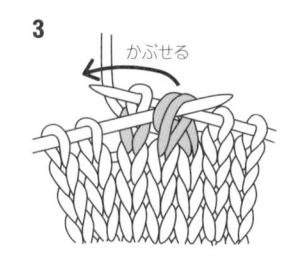

かぶせる

1で移した2目を、編
んだ目にかぶせる。

4

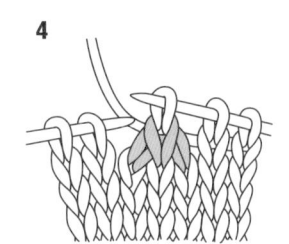

基本的な編み地

表編みと裏編みの組み合わせでできる基本的な編み方のうち、この本で使うのは下の4種類。編み図は表から見た記号です。
平編みの場合、偶数段は裏から戻って編むので、記号の反対に編みます。
輪編みの場合はいつも同じ方向で編むので、毎段記号どおりに編みます。

メリヤス編み

ガーター編み

1目ゴム編み

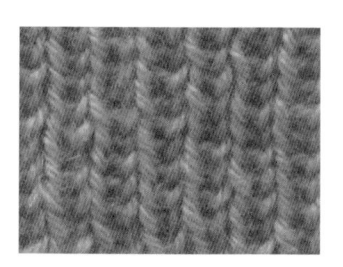

2目ゴム編み

端 の 目 を 増 す

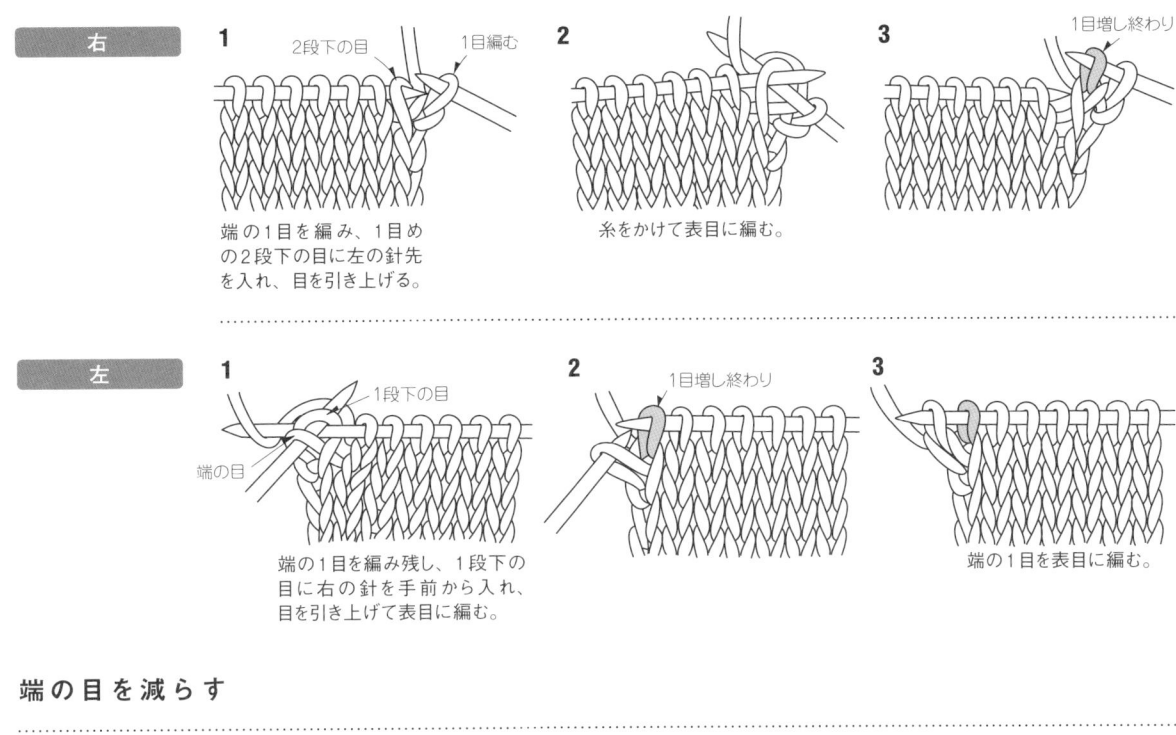

右

1　2段下の目　1目編む

端の1目を編み、1目め
の2段下の目に左の針先
を入れ、目を引き上げる。

2

糸をかけて表目に編む。

3　1目増し終わり

左

1　1段下の目　端の目

端の1目を編み残し、1段下の
目に右の針を手前から入れ、
目を引き上げて表目に編む。

2　1目増し終わり

3

端の1目を表目に編む。

端 の 目 を 減 ら す

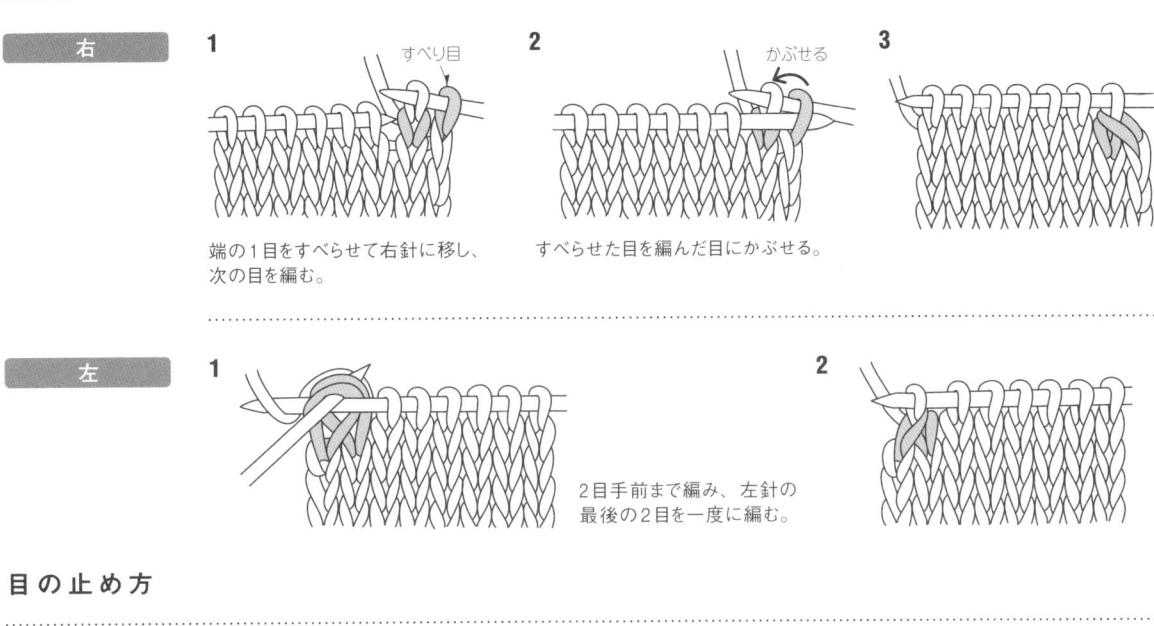

右

1　すべり目

端の1目をすべらせて右針に移し、
次の目を編む。

2　かぶせる

すべらせた目を編んだ目にかぶせる。

3

左

1

2

2目手前まで編み、左針の
最後の2目を一度に編む。

目 の 止 め 方

伏せ止め

〈 表メリヤス編み 〉

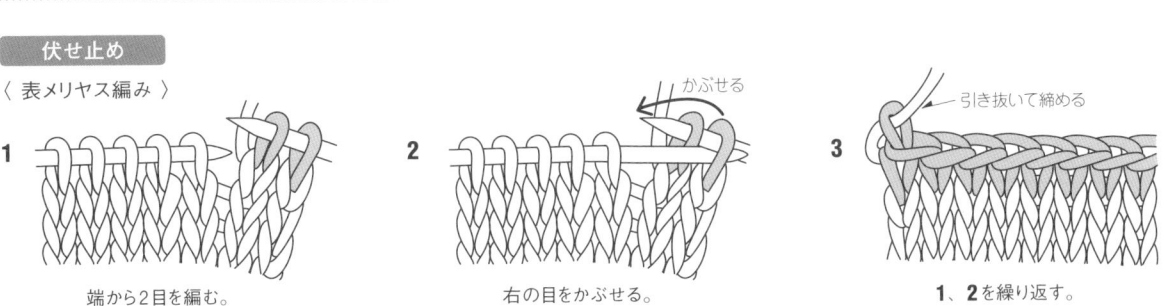

1

端から2目を編む。

2　かぶせる

右の目をかぶせる。

3　引き抜いて締める

1、**2**を繰り返す。

目の止め方

伏せ止め　〈 裏メリヤス編み 〉

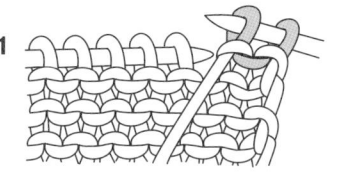

1
端から2目を編む。

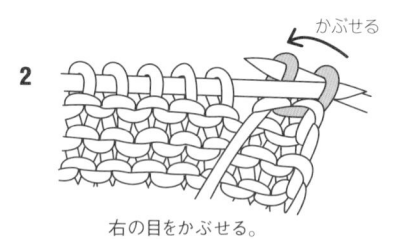

2
右の目をかぶせる。

3
1、2を繰り返す。

1目ゴム編み止め

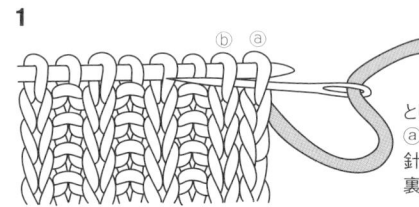

1
とじ糸を右端に置き、ⓐの目の裏から針を入れ、ⓑの目の裏から表に出す。

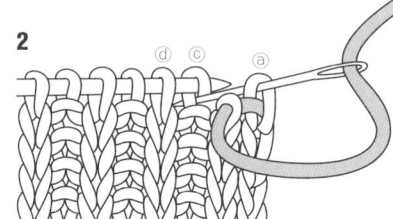

2
ⓐの目に戻り、表から針を入れ、ⓑの目をとばしてⓒの目の表から裏に出す。

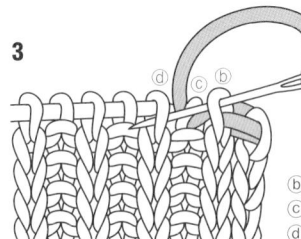

3
ⓑの目に戻り、表から針を入れ、ⓒの目をとばしてⓓの目の裏から表に出す。

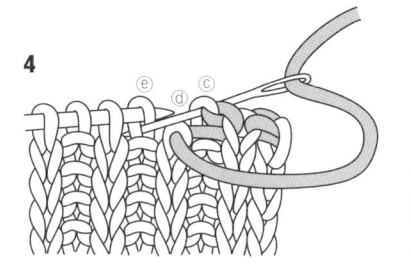

4
ⓒの目の裏から針を入れ、ⓔの目の表から裏に出す。
3〜4を繰り返して目を止める。

2目ゴム編み止め

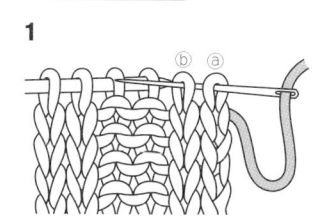

1
ⓐの目とⓑの目に針を入れる。

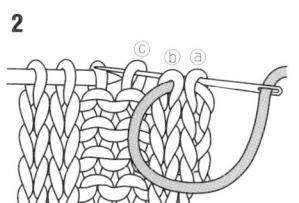

2
もう一度ⓐの目に戻って針を入れ、ⓒの目に表から針を入れる。

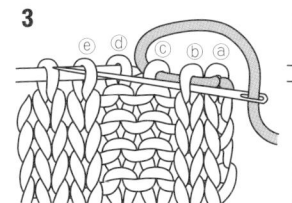

3
ⓑの目の表から入れて、ⓔの目の裏から表に出す。

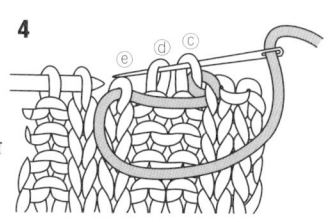

4
ⓒの目の裏から入れて、ⓓの目の表から裏に出す。

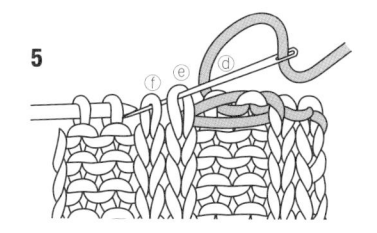

5
ⓔ、ⓕの表目同士に針を入れる。

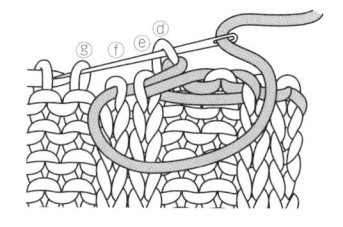

6
ⓓ、ⓖの裏目同士に針を入れる。

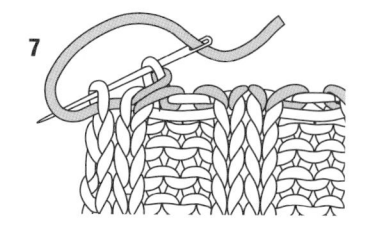

7
3〜6を繰り返し、最後は図のように針を入れて糸を切る。

とじ方

すくいとじ　〈目と目の間をすくう〉

1	2	3	4	5

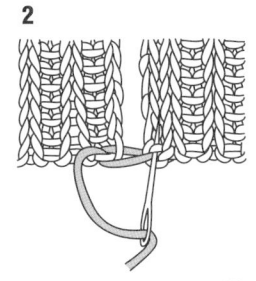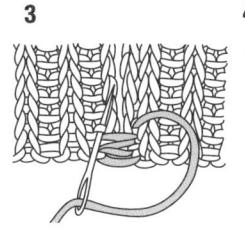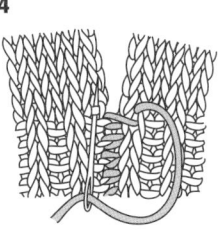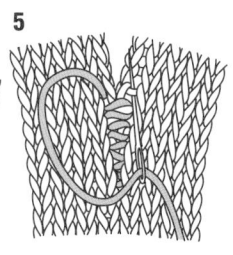

編み終わりの糸を長めに残しておき、とじ針に通して裾からとじ始める。

端から1目めと2目めの間の横糸を1本ずつ交互にすくってとじる。

左と右の横糸を交互にすくっていく。

ゴム編みと編み地の編み方向が違うとき、とじ代の目が半目ずれる。

編み地がつれない程度に、ひと針ごとに糸を引き締める。

すくいとじ　〈半目同士をすくう〉

1	2	3

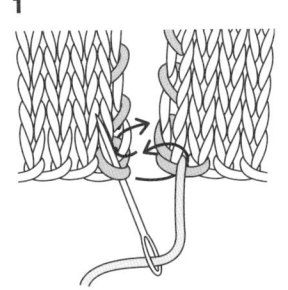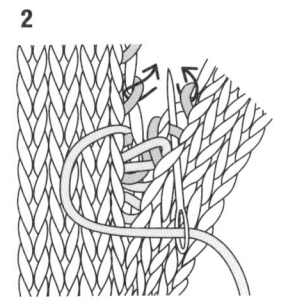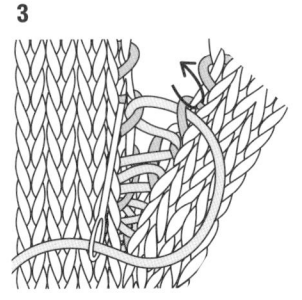

作り目の糸を交互にすくう。

半目内側の渡り糸、端の1目の外側半目同士を交互にすくう。

編み地がつれない程度に、ひと針ごとに糸を引き締める。

編み込み模様の糸の渡し方

〈横に渡す〉

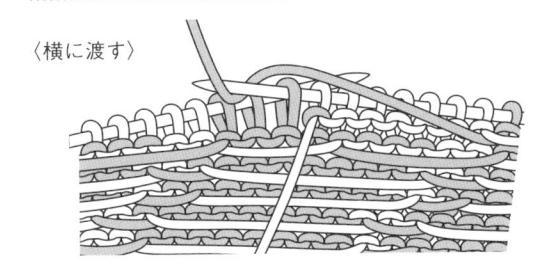

ベースの糸を休ませて配色糸で編み、裏側に糸を渡しながら模様を編む。裏の糸が図のように平らに渡るように編む。渡す糸がきついと編み地の伸縮が悪くなるので注意して。

糸の替え方

配色糸

ベースの糸を休めておく

端で糸を休め、配色糸を1目めからすくい出し、次からはふつうに編む。

ベースの糸

配色糸

元の糸に戻る場合は、配色糸を手前に休め、元の糸を引きすぎないようにしながら向こう側から回して編む。糸端はあとで始末する。

途中で糸がなくなったとき

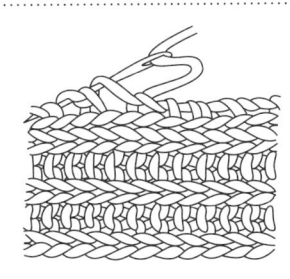

なるべく編み地の端で糸を替える。糸端はそのまま残しておき、編み終わってから端やとじ代に通して始末する。

ボーダーフェアアイル

Ⓐ ブルーグレー×グリーン系
Ⓑ オレンジ×紫系

■ 材料

Ⓐ 並太ストレート糸
㋑黄緑、㋺こげ茶、㋩ブルーグレー、㋥紫、
㋭ベージュ
[モデル犬着用分 ㋑35g、㋺20g、㋩40g、
㋥25g、㋭30g]
Ⓑ 並太ストレート糸
㋑ローズ、㋺薄茶、㋩オレンジ、㋥薄紫、
㋭薄ベージュ
[モデル犬着用分 ㋑30g、㋺15g、㋩35g、
㋥15g、㋭30g]

■ 用具 (ⒶⒷ共通)

ハマナカ アミアミ2本棒針、4本棒針 6号針

■ ゲージ (ⒶⒷ共通)

メリヤス編み10cm角＝21目×27段
模様編み(1模様)5.8×8cm＝12目×20段

■ 編み方のポイント (ⒶⒷ共通)

(糸は1本どりで編みます)

1 [背中]は一般的な作り目、2目ゴム編み
で編み始め、本体部分は糸を替えながら
編み込み模様で編む。

2 [おなか]は一般的な作り目、2目ゴム編
みで編み始め、本体部分は配色で編む。

3 [背中]と[おなか]の♥、♡、♠、♤同
士をとじ合わせる。休めていた目を拾って
[襟]を2目ゴム編みで編み、2目ゴム編み
止めで止める。

4 [背中]と[おなか]から目を拾って[袖]を2
目ゴム編みで編み、2目ゴム編み止めで
止める。

背中

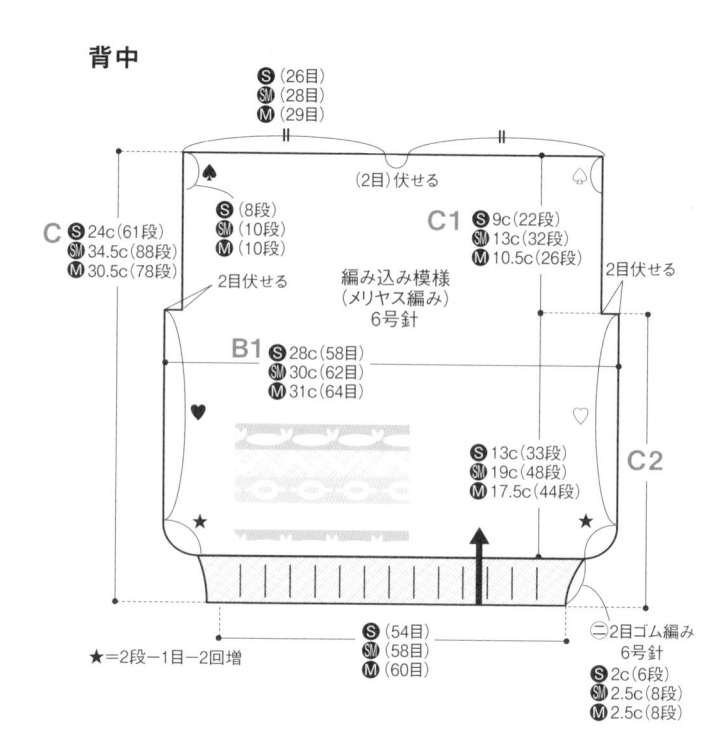

Ⓢ (26目)
ⓈⓂ (28目)
Ⓜ (29目)

(2目)伏せる

C
Ⓢ 24c (61段)
ⓈⓂ 34.5c (88段)
Ⓜ 30.5c (78段)

2目伏せる

♠ ♤

C1
Ⓢ 9c (22段)
ⓈⓂ 13c (32段)
Ⓜ 10.5c (26段)

2目伏せる

編み込み模様
(メリヤス編み)
6号針

B1
Ⓢ 28c (58目)
ⓈⓂ 30c (62目)
Ⓜ 31c (64目)

♥ ♡

Ⓢ 13c (33段)
ⓈⓂ 19c (48段)
Ⓜ 17.5c (44段)

C2

★ ★

Ⓢ (54目)
ⓈⓂ (58目)
Ⓜ (60目)

㋥2目ゴム編み
6号針
Ⓢ 2c (6段)
ⓈⓂ 2.5c (8段)
Ⓜ 2.5c (8段)

★＝2段-1目-2回増

おなか

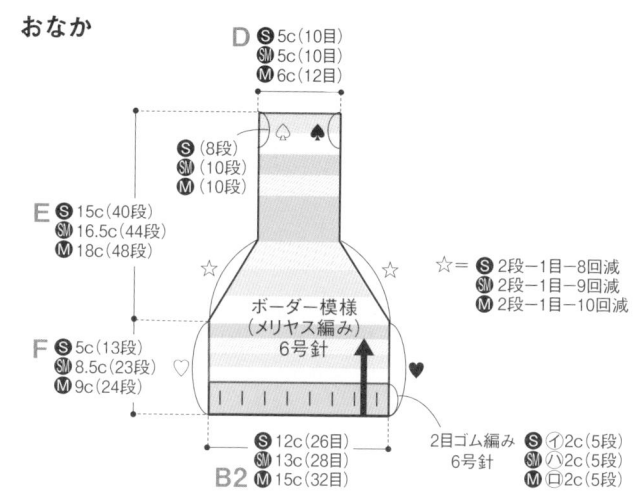

D
Ⓢ 5c (10目)
ⓈⓂ 5c (10目)
Ⓜ 6c (12目)

♤ ♠

Ⓢ (8段)
ⓈⓂ (10段)
Ⓜ (10段)

E
Ⓢ 15c (40段)
ⓈⓂ 16.5c (44段)
Ⓜ 18c (48段)

☆ ☆

☆＝
Ⓢ 2段-1目-8回減
ⓈⓂ 2段-1目-9回減
Ⓜ 2段-1目-10回減

ボーダー模様
(メリヤス編み)
6号針

F
Ⓢ 5c (13段)
ⓈⓂ 8.5c (23段)
Ⓜ 9c (24段)

♡ ♥

Ⓢ 12c (26目)
ⓈⓂ 13c (28目)
Ⓜ 15c (32目)

B2

2目ゴム編み
6号針

㋑2c (5段)
ⓈⓂ㋩2c (5段)
Ⓜ㋺2c (5段)

襟

背中とおなかから目を拾い、均等に減らす
背中側1段めのリード通し穴は、
巻き目(W)で2目作る

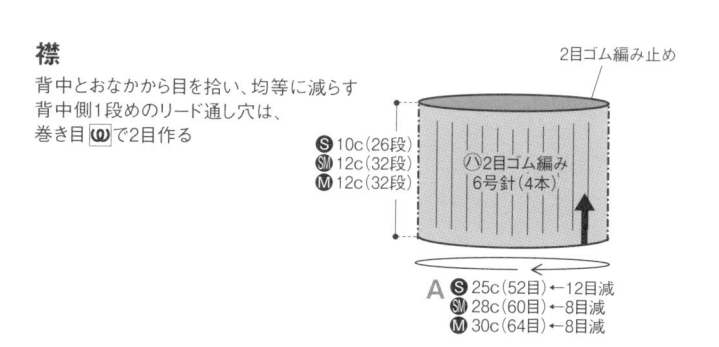

2目ゴム編み止め

Ⓢ 10c (26段)
ⓈⓂ 12c (32段)
Ⓜ 12c (32段)

㋑2目ゴム編み
6号針(4本)

A
Ⓢ 25c (52目) ←12目減
ⓈⓂ 28c (60目) ←8目減
Ⓜ 30c (64目) ←8目減

モデル犬

Ⓐ:SMロングサイズベース(B1を+2cm、Eを+2cm)
Ⓑ:Mサイズベース(C2を+2cm)

サイズ展開

	首回り(A)	胴回り(B)	背丈(C)	脚幅(D)	首~脇(E)	脇~腹(F)
Ⓢ	25c	40c	24c	5c	15c	5c
ⓈⓂ	28c	43c	34.5c	5c	16.5c	8.5c
Ⓜ	30c	46c	30.5c	6c	18c	9c

サイズ調整のポイント

背中の着丈の編み込み模様部分は、段数を5の倍数にするとボーダー
がきれいに収まります。横はどこで切れてもいいデザインになっています。
背中とおなかはボーダー配色を合わせるときれいに仕上がります。

袖

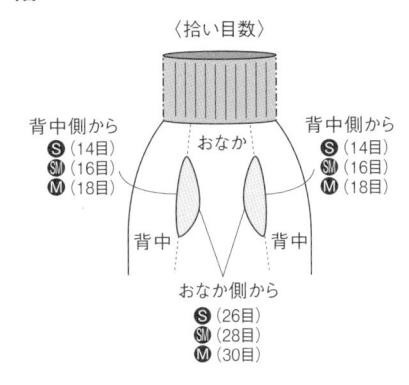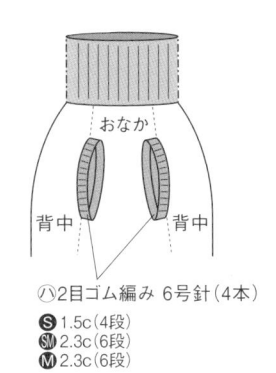

〈拾い目数〉

背中側から
Ⓢ（14目）
ⓈⓂ（16目）
Ⓜ（18目）

おなか

背中側から
Ⓢ（14目）
ⓈⓂ（16目）
Ⓜ（18目）

背中

背中

おなか側から
Ⓢ（26目）
ⓈⓂ（28目）
Ⓜ（30目）

おなか

背中

背中

ハ 2目ゴム編み 6号針（4本）
Ⓢ 1.5c（4段）
ⓈⓂ 2.3c（6段）
Ⓜ 2.3c（6段）

背中編み込み模様図

■ □ ■ ▨ ＝ Ｉ すべて表目

□ ＝ ㋭ Ⓐ: ベージュ／Ⓑ: 薄ベージュ

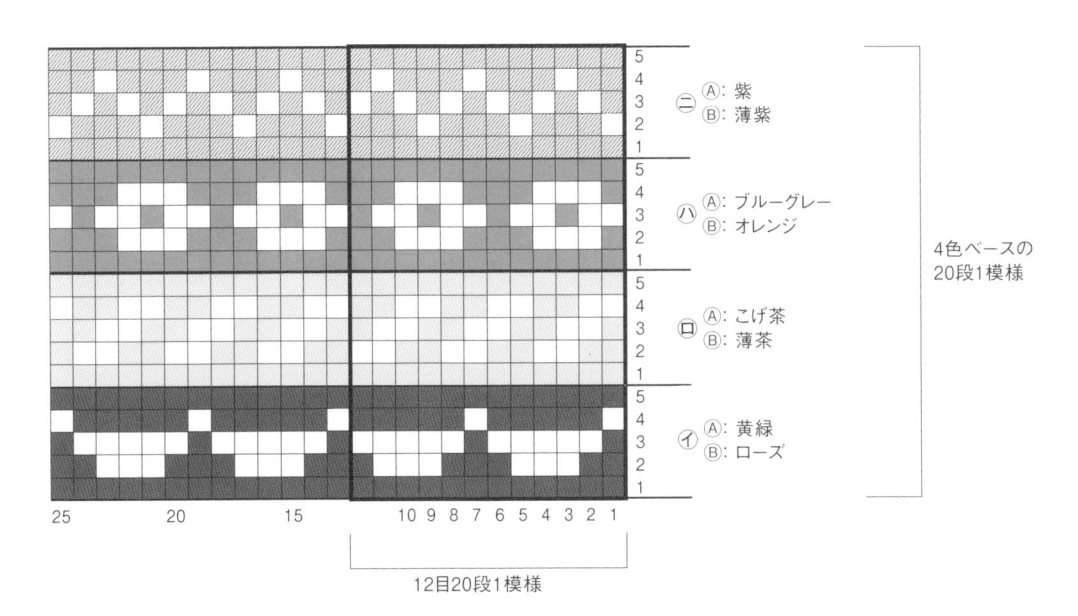

ニ Ⓐ: 紫／Ⓑ: 薄紫

ハ Ⓐ: ブルーグレー／Ⓑ: オレンジ

ロ Ⓐ: こげ茶／Ⓑ: 薄茶

イ Ⓐ: 黄緑／Ⓑ: ローズ

4色ベースの
20段1模様

12目20段1模様

サイズごとの模様の合わせ方

おなか（メリヤス編みボーダー）

※おなかと背中のとじ合わせ部分（♠ ♤）は
背中のボーダー模様に合わせて配色してください。

背中（編み込み模様ボーダー）

※イラストの都合上、ボーダーの縦幅がいろいろになっていますが、
★と指定以外はどのパターンも同じ5段分です。

02 p14

タータンチェック

■ 材料

ハマナカ エクシードウールL〈並太〉
㋑col.315(えんじ)、㋺col.325(ネイビー)、
㋩col.320(深緑)、㊁col.301(白)、
㋭並太ストレート糸(黄色)
[モデル犬着用分 ㋑50g、㋺30g、㋩30g、
㊁5g、㋭5g]

■ 用具

ハマナカ アミアミ2本棒針、4本棒針 7号針
ハマナカ アミアミ両かぎ針ラクラク 7/0号

■ ゲージ

模様編み(1模様)10×9㎝=18目×26段
メリヤス編み10㎝角=18目×29段

■ 編み方のポイント

(糸は1本どりで編みます)

1 [背中]は一般的な作り目、1目ゴム編み
で編み始め、本体部分は糸を替えながら
編み込み模様で編む。

2 [おなか]は一般的な作り目、1目ゴム編
みで編み始め、本体部分はメリヤス編み
で編む。

3 [背中]と[おなか]の♥、♡、♠、♤同
士をとじ合わせる。休めていた目を拾って
[襟]を1目ゴム編みで編み、1目ゴム編み
止めで止める。

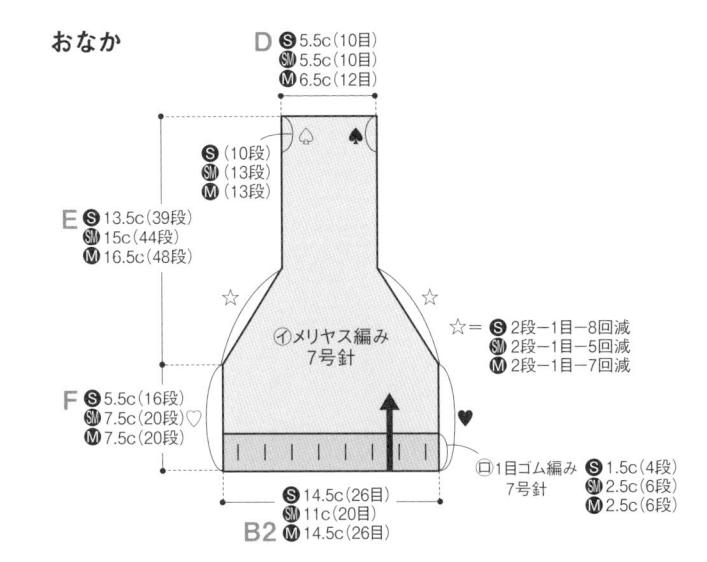

※目数、段数はチェックのパターンを優先しています。

モデル犬

Mサイズベース(B2を+2㎝)

サイズ展開

	首回り(A)	胴回り(B)	背丈(C)	脚幅(D)	首~脇(E)	脇~腹(F)
S	25.5c	40.5c	25c	5.5c	13.5c	5.5c
SM	28c	42c	30c	5.5c	15c	7.5c
M	30c	50.5c	30c	6.5c	16.5c	7.5c

┌ サイズ調整のポイント ─

チェックの1マスが途中で切れないように、中心から均等に配置すると
きれいな仕上がりになります。

47

背中編み込み模様図（Sサイズで説明）

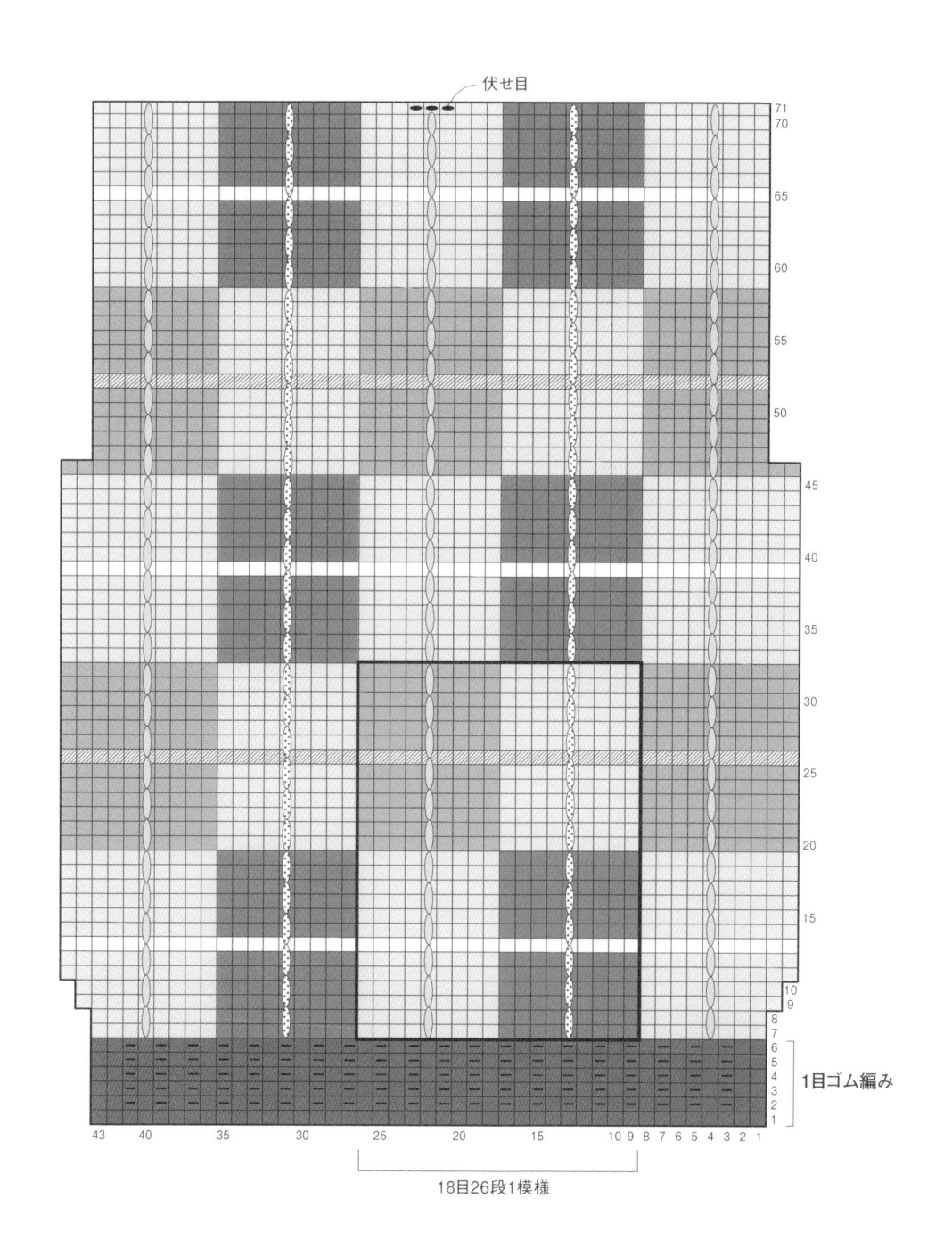

凡例:
- ☐ = |　①col.315（えんじ）
- ■ = |　⊡col.325（ネイビー）
- ▨ = |　⑦col.320（深緑）
- ☐ = |　⊖col.301（白）
- ▨ = |　⑤（黄色）
- | = 表目

- ⫶ = col.301（白）で、模様の上からかぎ針でチェーンステッチを入れる
- ⬭ = （黄色）で、模様の上からかぎ針でチェーンステッチを入れる

［チェーンステッチ］

編み地表面

引き抜く

※チェーンステッチの際に裏に渡してある糸を押さえながらステッチする。

伏せ目

71
70

65

60

55

50

45

40

35

30

25

20

15

10
9
8
7
6
5
4
3
2
1

1目ゴム編み

43　40　　35　　30　　25　　20　　15　　10 9 8 7 6 5 4 3 2 1

18目26段1模様

48

背中編み込み模様図（SMロングサイズの場合）

※配色はP48参照。

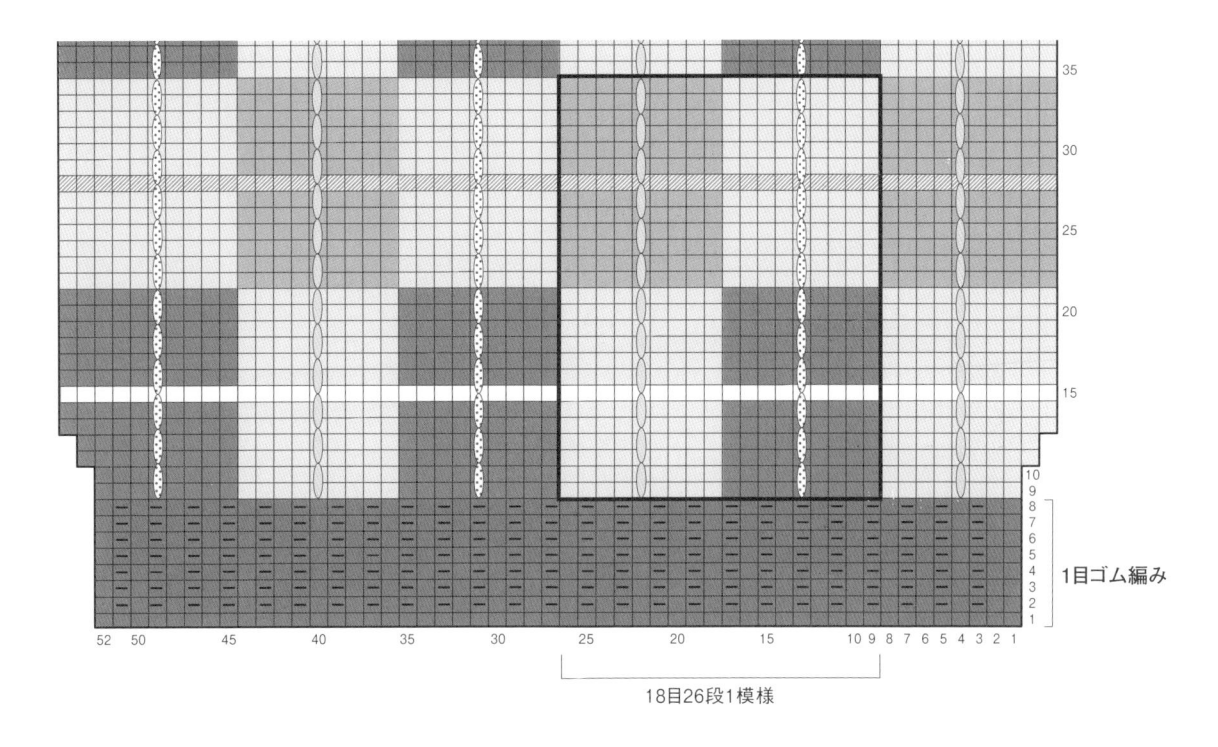

18目26段1模様

背中編み込み模様図（Mサイズの場合）

※配色はP48参照。

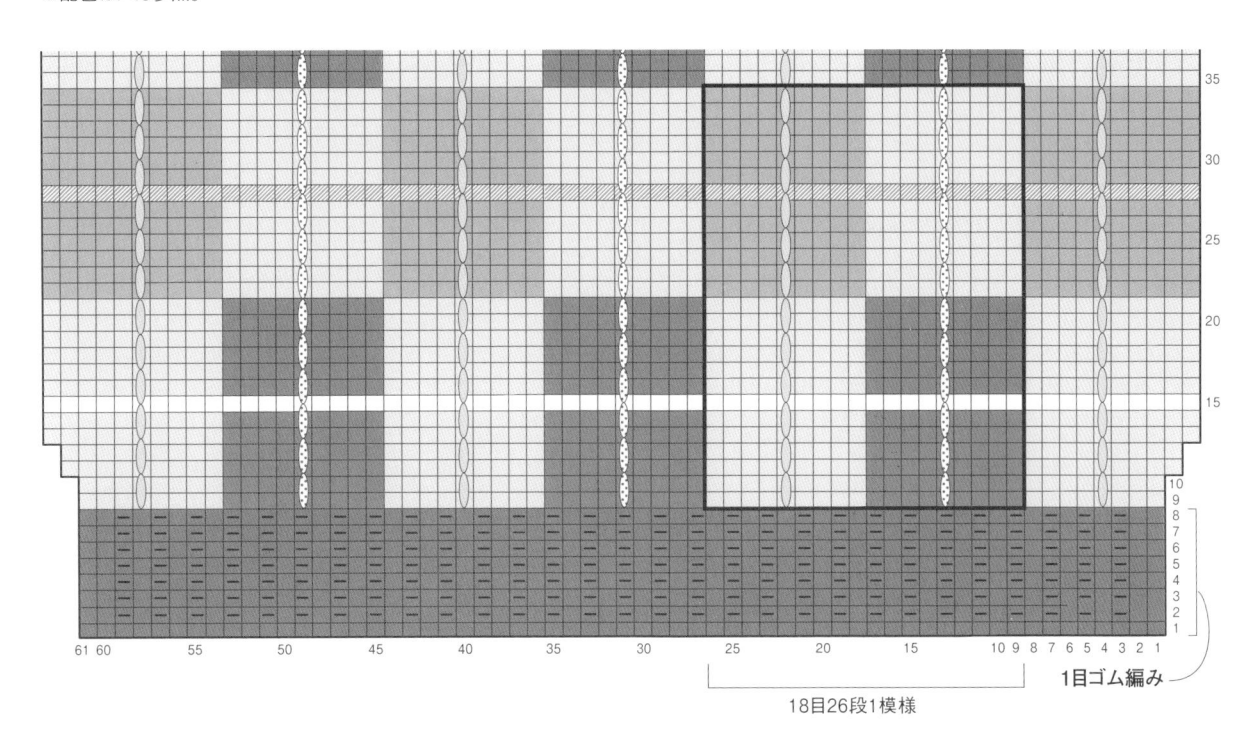

18目26段1模様

04 p16

カラフル☆フェアアイル模様

■ 材料

ハマナカ コロポックル
①col.12（緑）、回col.14（チャコールグレー）、
①col.6（オレンジ）、〇col.21（水色）、
①col.5（黄色）、〇col.17（ネイビー）
[モデル犬着用分 ①20g、回10g、①5g、
〇25g、①25g、〇10g]

■ 用具

ハマナカ アミアミ2本棒針、4本棒針 4号針

■ ゲージ

模様編み（1模様）5×17cm＝12目×48段
メリヤス編み10cm角＝25目×30段

■ 編み方のポイント

（糸は1本どりで編みます）

1 ［背中］は一般的な作り目、2目ゴム編み
で編み始め、本体部分は糸を替えながら
編み込み模様で編む。

2 ［おなか］は一般的な作り目、2目ゴム編
みで編み始め、本体部分はメリヤス編み
で編む。

3 ［背中］と［おなか］の♥、♡、♠、♤同
士をとじ合わせる。休めていた目を拾って
［襟］を2目ゴム編みで編み、2目ゴム編み
止めで止める。

4 ［背中］と［おなか］から目を拾って［袖］を2
目ゴム編みで編み、2目ゴム編み止めで
目を止める。

モデル犬

Mサイズベース（Bを+2cm、Cを+1.8cm）

サイズ展開

	首回り(A)	胴回り(B)	背丈(C)	脚幅(D)	首～脇(E)	脇～腹(F)
S	25c	40c	23c	5.5c	15c	6c
SM	28c	43c	32c	5.5c	16.5c	8c
M	30c	50.5c	27c	6.5c	18c	8c

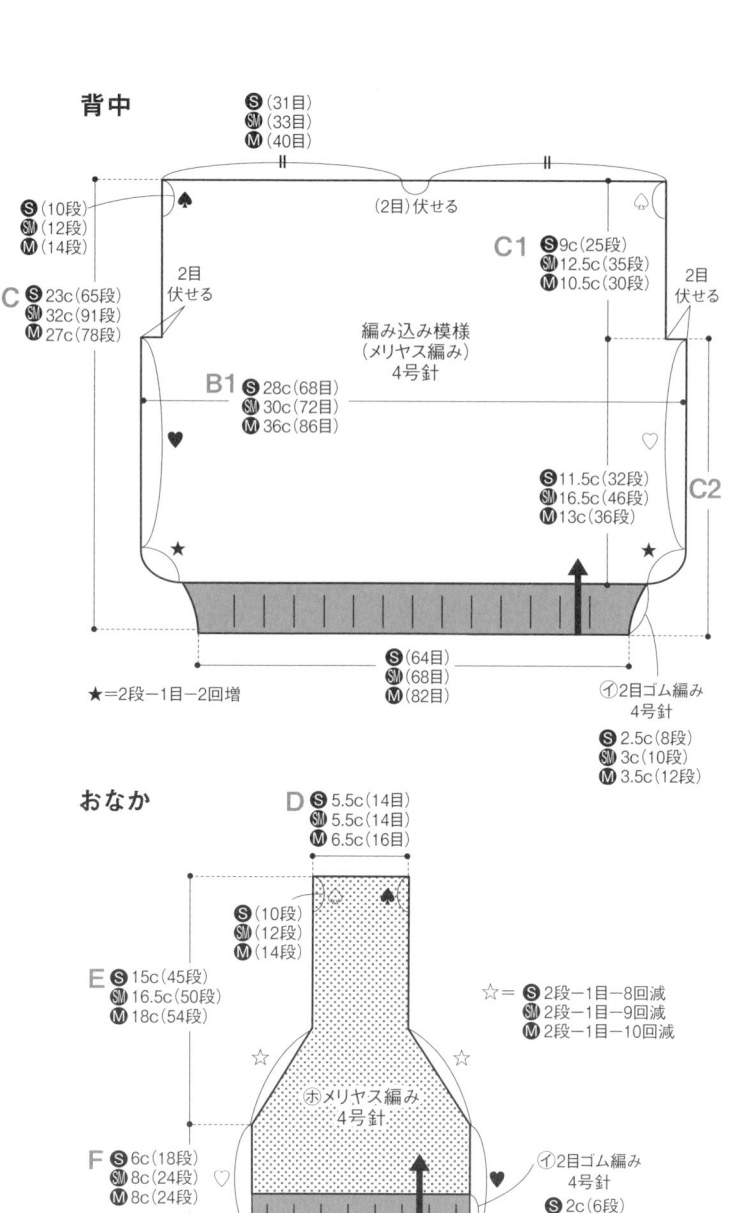

背中

S（31目）
SM（33目）
M（40目）

S（10段）
SM（12段）
M（14段）

（2目）伏せる

C1 S9c（25段）
SM12.5c（35段）
M10.5c（30段）

2目
伏せる

C S23c（65段）
SM32c（91段）
M27c（78段）

2目
伏せる

B1 S28c（68目）
SM30c（72目）
M36c（86目）

編み込み模様
（メリヤス編み）
4号針

S11.5c（32段）
SM16.5c（46段）
M13c（36段）

C2

★=2段-1目-2回増

S（64目）
SM（68目）
M（82目）

①2目ゴム編み
4号針

S2.5c（8段）
SM3c（10段）
M3.5c（12段）

おなか

D S5.5c（14目）
SM5.5c（14目）
M6.5c（16目）

S（10段）
SM（12段）
M（14段）

E S15c（45段）
SM16.5c（50段）
M18c（54段）

☆= S2段-1目-8回減
SM2段-1目-9回減
M2段-1目-10回減

①メリヤス編み
4号針

F S6c（18段）
SM8c（24段）
M8c（24段）

①2目ゴム編み
4号針

S2c（6段）
SM2.5c（8段）
M2.5c（8段）

S12c（30目）
SM13c（32目）
M14.5c（36目）

B2

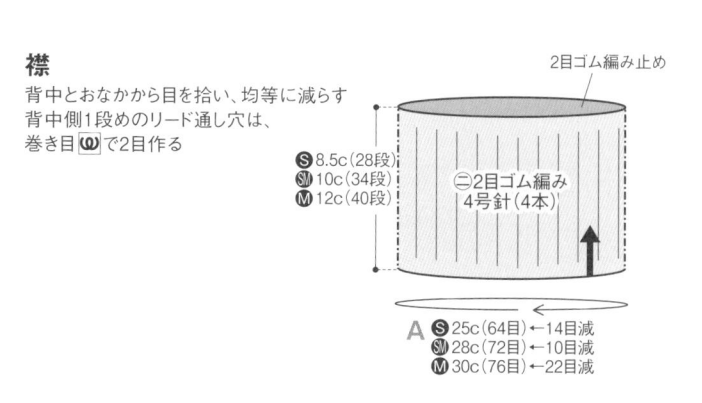

襟

背中とおなかから目を拾い、均等に減らす
背中側1段めのリード通し穴は、
巻き目⑩で2目作る

2目ゴム編み止め

S8.5c（28段）
SM10c（34段）
M12c（40段）

〇2目ゴム編み
4号針（4本）

A S25c（64目）←14目減
SM28c（72目）←10目減
M30c（76目）←22目減

サイズ調整のポイント

背中の模様は、縦横どこで切れても気にならないデザインにしました。
模様の入り方はあまり気にせずに、作りたいサイズに編んでください。

袖

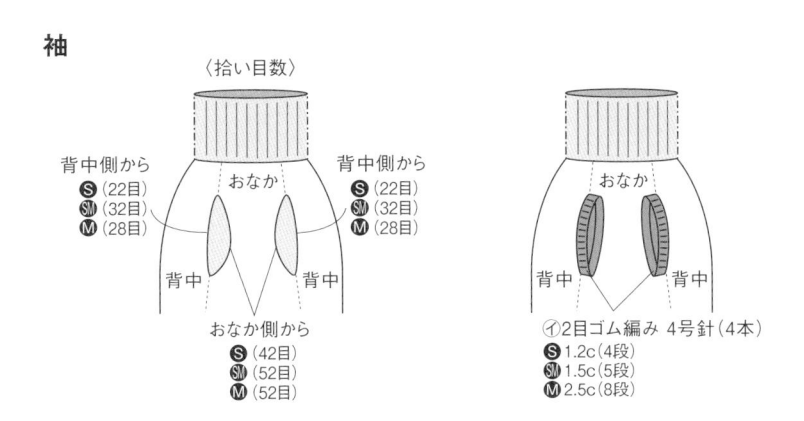

〈拾い目数〉

おなか

背中側から
Ⓢ（22目）
ⓈⓂ（32目）
Ⓜ（28目）

背中側から
Ⓢ（22目）
ⓈⓂ（32目）
Ⓜ（28目）

背中 背中

おなか側から
Ⓢ（42目）
ⓈⓂ（52目）
Ⓜ（52目）

おなか

背中 背中

㋑2目ゴム編み 4号針（4本）
Ⓢ 1.2c（4段）
ⓈⓂ 1.5c（5段）
Ⓜ 2.5c（8段）

背中編み込み模様図（Sサイズで説明）

- ▨ ＝ I ㋑col.12（緑）
- □ ＝ I ㋺col.14（チャコールグレー）
- ▨ ＝ I ㋩col.6（オレンジ）
- ▨ ＝ I ㊁col.21（水色）
- ▨ ＝ I ㋭col.5（黄色）
- ▨ ＝ I ㊦col.17（ネイビー）
- I ＝ 表目

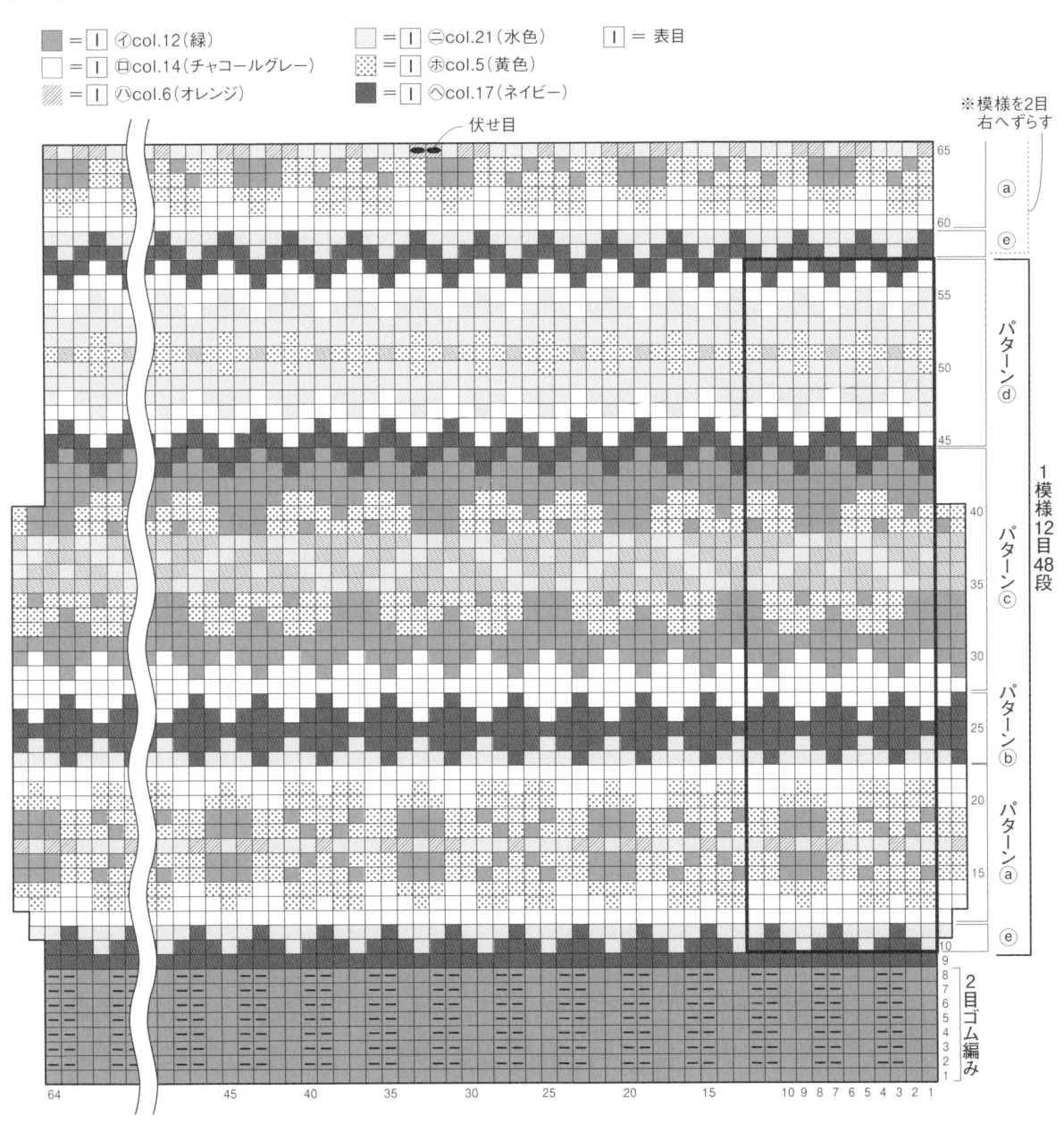

05 p17

カラフルボーダー

■ 材料

並太ストレート糸
イピンク、ロ薄緑、ハ黄色、ニ紫、
ホベージュ
[モデル犬着用分 イ20g、ロ15g、ハ15g、
ニ25g、ホ15g]

■ 用具

ハマナカ アミアミ2本棒針、4本棒針 6号針

■ ゲージ

ボーダー模様10×7.5㎝＝20目×20段
メリヤス編み10㎝角＝20目×26段

■ 編み方のポイント

（糸は1本どりで編みます）

1 ［背中］は一般的な作り目、1目ゴム編み
で編み始め、本体部分は糸を替えながら
ボーダー模様で編む。

2 ［おなか］は一般的な作り目、1目ゴム編
みで編み始め、本体部分はボーダー模
様で編む。

3 ［背中］と［おなか］の♥、♡、♠、♤同士
をとじ合わせる。休めていた目を拾って
［襟］を1目ゴム編みで編み、1目ゴム編み
止めで止める。

背中

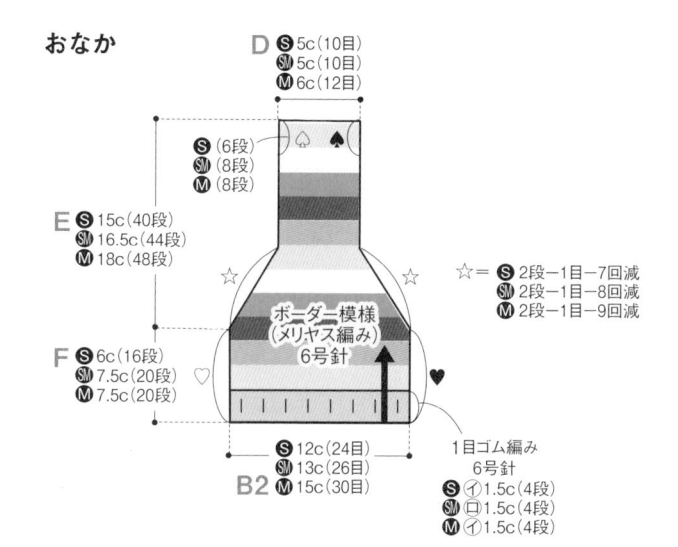

Ⓢ（25目）
ⓈⓂ（28目）
Ⓜ（32目）

（3目）伏せる

C Ⓢ24.5c(66目) ／ ⓈⓂ29.5c(80段) ／ Ⓜ28c(76段)

2目伏せる

C1 Ⓢ9c(24段) ／ ⓈⓂ10.5c(28段) ／ Ⓜ10.5c(28段)

ボーダー模様
（メリヤス編み）
6号針

2目伏せる

B1 Ⓢ28.5c(57目) ／ ⓈⓂ31.5c(63目) ／ Ⓜ35.5c(71目)

C2

Ⓢ12c(32段) ／ ⓈⓂ15c(40段) ／ Ⓜ13.5c(36段)

★＝2段-1目-2回増

Ⓢ(53目) ／ ⓈⓂ(59目) ／ Ⓜ(67目)

イ1目ゴム編み
6号針
Ⓢ3.5c(10段) ／ ⓈⓂ4c(12段) ／ Ⓜ4c(12段)

おなか

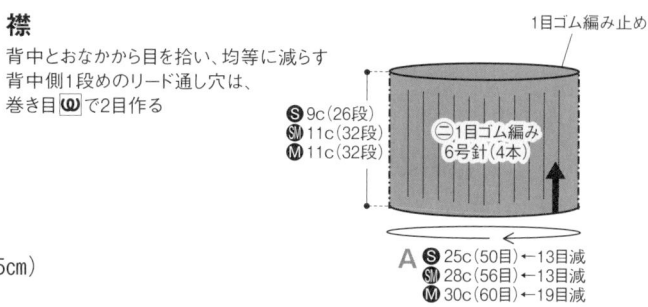

D Ⓢ5c(10目) ／ ⓈⓂ5c(10目) ／ Ⓜ6c(12目)

Ⓢ(6段) ／ ⓈⓂ(8段) ／ Ⓜ(8段)

E Ⓢ15c(40段) ／ ⓈⓂ16.5c(44段) ／ Ⓜ18c(48段)

☆＝Ⓢ2段-1目-7回減 ／ ⓈⓂ2段-1目-8回減 ／ Ⓜ2段-1目-9回減

ボーダー模様
（メリヤス編み）
6号針

F Ⓢ6c(16段) ／ ⓈⓂ7.5c(20段) ／ Ⓜ7.5c(20段)

Ⓢ12c(24目) ／ ⓈⓂ13c(26目) ／ Ⓜ15c(30目)

B2

1目ゴム編み
6号針
Ⓢイ1.5c(4段) ／ ⓈⓂロ1.5c(4段) ／ Ⓜイ1.5c(4段)

襟

背中とおなかから目を拾い、均等に減らす
背中側1段めのリード通し穴は、
巻き目 ⓦ で2目作る

1目ゴム編み止め

Ⓢ9c(26段) ／ ⓈⓂ11c(32段) ／ Ⓜ11c(32段)

ニ1目ゴム編み
6号針(4本)

A Ⓢ25c(50目)←13目減 ／ ⓈⓂ28c(56目)←13目減 ／ Ⓜ30c(60目)←19目減

モデル犬

SMロングサイズベース（Bを+2cm、Cを+1.5㎝、Fを+1.5㎝）

サイズ展開

	首回り(A)	胴回り(B)	背丈(C)	脚幅(D)	首~脇(E)	脇~腹(F)
Ⓢ	25c	40.5c	24.5c	5c	15c	6c
ⓈⓂ	28c	44.5c	29.5c	5c	16.5c	7.5c
Ⓜ	30c	50.5c	28c	6c	18c	7.5c

サイズ調整のポイント

背中のボーダー模様部分は、段数を4の倍数にするとボーダーがきれい
に収まります。ボーダー模様は途中で切れないほうがよいので、丈を調整
する場合はゴム編み部分で調整を。

編み込み模様図

□ ■ □ □ ▨ ＝ | すべて表目

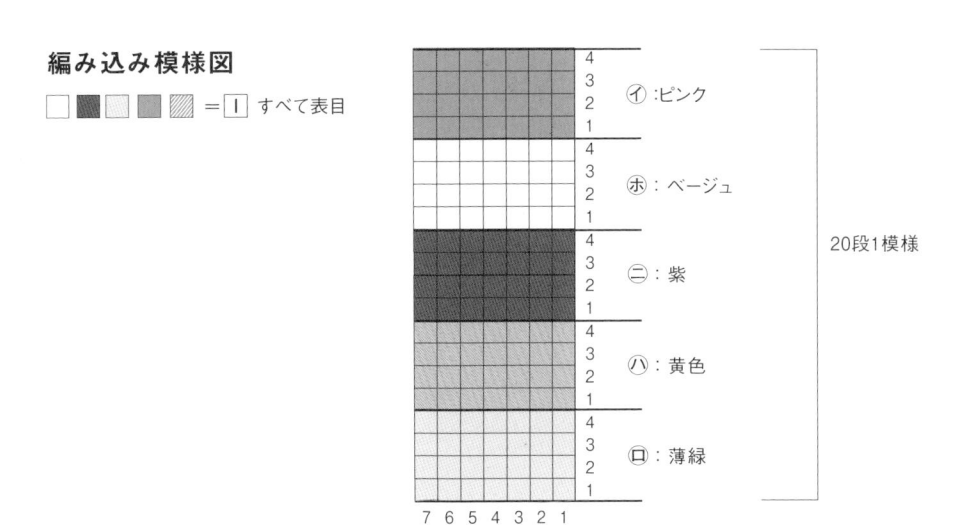

	イ：ピンク
	ホ：ベージュ
	ニ：紫
	ハ：黄色
	ロ：薄緑

20段1模様

7 6 5 4 3 2 1

サイズごとの模様の合わせ方

おなか

※おなかと背中のとじ合わせ部分（♠♧）は
背中のボーダー模様に合わせて配色してください。

背中

背中

	S	SM	M
♠	ホ	ハ	ロ
2段	ニ	ロ	イ
2段	ハ	イ	ホ
	ロ	ホ	ニ
	イ	ニ	ハ
	ホ	ロ	イ
♥	ニ	イ	ホ
	ハ	ホ	ニ
	ロ	ハ	ロ
	イ	ロ	イ
	ホ	イ	ホ
	ニ	ホ	ニ
	ハ	ニ	ハ
	ロ	ハ	ロ
ボーダー	イ		

おなか

	S	SM	M
♧	ホ	ハ	ロ
2段	ニ	ロ	イ
2段	ハ	イ	ホ
	ロ	ホ	ニ
★調整用ボーダー	イ20段	ハ20段	（各色）
	ホ	ロ	イ
♥	ニ	イ	ホ
	ハ	ホ	ニ
	ロ	ハ	ロ
ボーダー	イ	ロ	イ

★調整用ボーダー　イ20段　ハ20段

※イラストの都合上、ボーダーの縦幅がいろいろになっていますが、
★と指定以外はどのパターンも同じ4段分です。

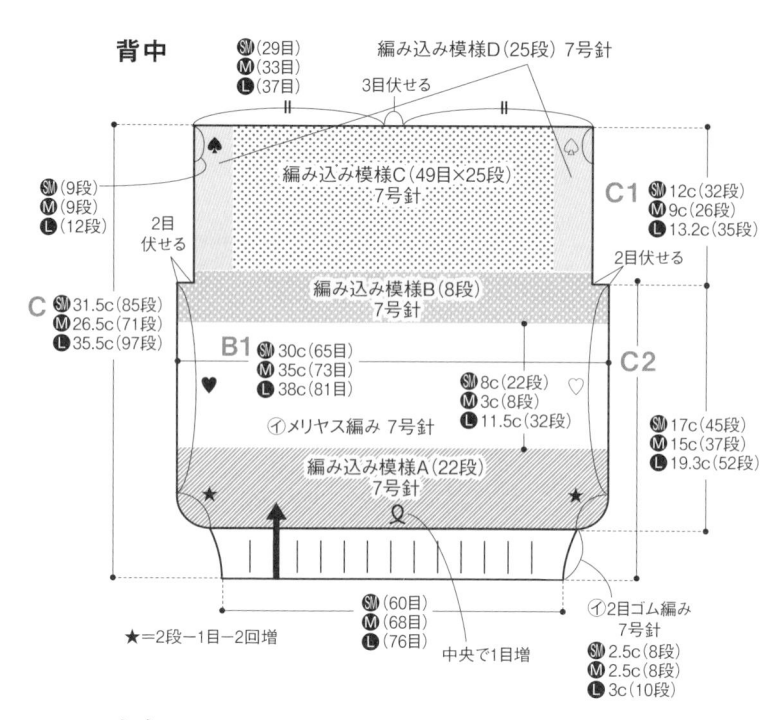

06 p18-19

ノルディック模様

Ⓐ 黒×白　Ⓑ 赤×白

■ 材料

Ⓐ ハマナカ アメリー
㋑col.24(黒)、㋺col.20(白)
[モデル犬着用分 ㋑50g、㋺25g]
Ⓑ ハマナカ アメリー
㋑col.6(赤)、㋺col.20(白)
[モデル犬着用分 ㋑45g、㋺25g]

■ 用具（Ⓐ Ⓑ共通）

ハマナカ アミアミ2本棒針、4本棒針 7号針

■ ゲージ（Ⓐ Ⓑ共通）

編み込み模様A(1模様)3.8×8.5cm=8目×22段
編み込み模様B(1模様)3.8×4cm=8目×8段
編み込み模様C(1模様)23×8.5cm=49目×25段
メリヤス編み10cm角=20目×28段

■ 編み方のポイント（Ⓐ Ⓑ共通）

（糸は1本どりで編みます）

1 [背中]は一般的な作り目、2目ゴム編み
　で編み始め、本体部分は糸を替えながら
　編み込み模様A〜Dで編む。

2 [おなか]は一般的な作り目、2目ゴム編
　みで編み始め、本体部分はⒶは編み込
　み模様D、Ⓑはメリヤス編みで編む。

3 [背中]と[おなか]の♥、♡、♠、♤同
　士をとじ合わせる。休めていた目を拾って
　[襟]を2目ゴム編みで編み、2目ゴム編み
　止めで止める。

背中

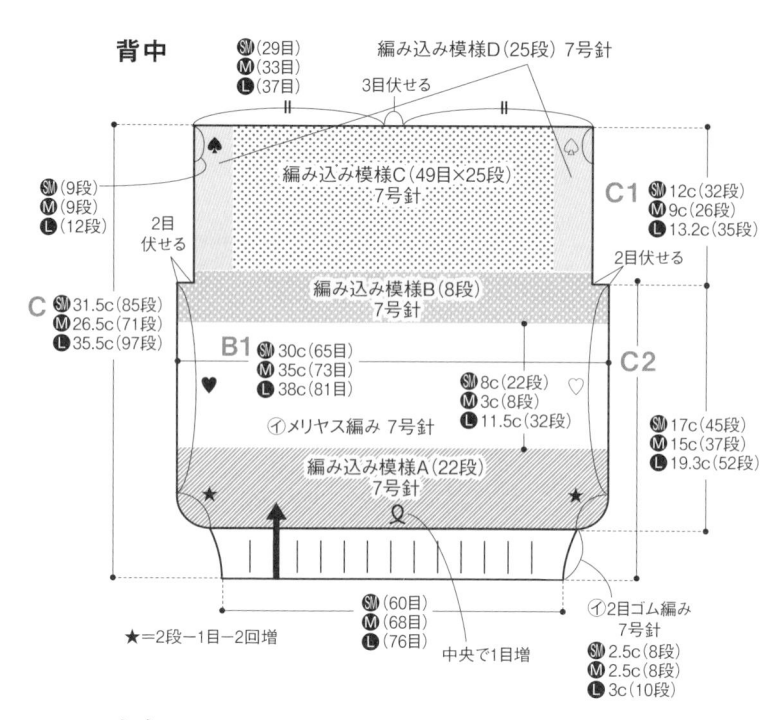

編み込み模様D(25段) 7号針
3目伏せる

Ⓢ Ⓜ(29目)
Ⓜ(33目)
Ⓛ(37目)

編み込み模様C(49目×25段)
7号針

Ⓢ Ⓜ(9段)
Ⓜ(9段)
Ⓛ(12段)

♠

C1
Ⓢ Ⓜ12c(32段)
Ⓜ9c(26段)
Ⓛ13.2c(35段)

2目伏せる

C
Ⓢ Ⓜ31.5c(85段)
Ⓜ26.5c(71段)
Ⓛ35.5c(97段)

2目伏せる

編み込み模様B(8段)
7号針

B1
Ⓢ Ⓜ30c(65目)
Ⓜ35c(73目)
Ⓛ38c(81目)

C2

♥

Ⓢ Ⓜ8c(22段)
Ⓜ3c(8段)
Ⓛ11.5c(32段)

♡

㋑メリヤス編み 7号針

Ⓢ Ⓜ17c(45段)
Ⓜ15c(37段)
Ⓛ19.3c(52段)

編み込み模様A(22段)
7号針

★

Ⓢ Ⓜ(60目)
Ⓜ(68目)
Ⓛ(76目)

中央で1目増

★=2段-1目-2回増

㋑2目ゴム編み
7号針
Ⓢ Ⓜ2.5c(8段)
Ⓜ2.5c(8段)
Ⓛ3c(10段)

おなか

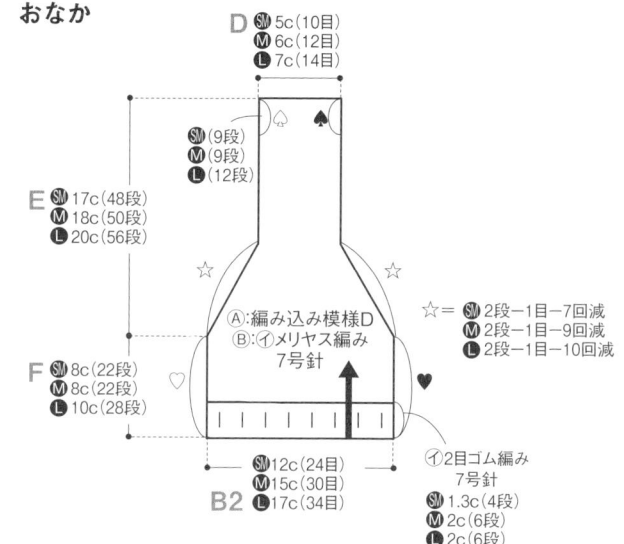

D
Ⓢ Ⓜ5c(10目)
Ⓜ6c(12目)
Ⓛ7c(14目)

♠

Ⓢ Ⓜ(9段)
Ⓜ(9段)
Ⓛ(12段)

E
Ⓢ Ⓜ17c(48段)
Ⓜ18c(50段)
Ⓛ20c(56段)

☆

Ⓐ:編み込み模様D
Ⓑ:㋑メリヤス編み
7号針

☆ = Ⓢ Ⓜ2段-1目-7回減
Ⓜ2段-1目-9回減
Ⓛ2段-1目-10回減

F
Ⓢ Ⓜ8c(22段)
Ⓜ8c(22段)
Ⓛ10c(28段)

♡

♥

B2
Ⓢ Ⓜ12c(24目)
Ⓜ15c(30目)
Ⓛ17c(34目)

㋑2目ゴム編み
7号針
Ⓢ Ⓜ1.3c(4段)
Ⓜ2c(6段)
Ⓛ2c(6段)

襟

背中とおなかから目を拾い、均等に減らす
背中側1段めのリード通し穴は、
巻き目 ⓦ で3目作る

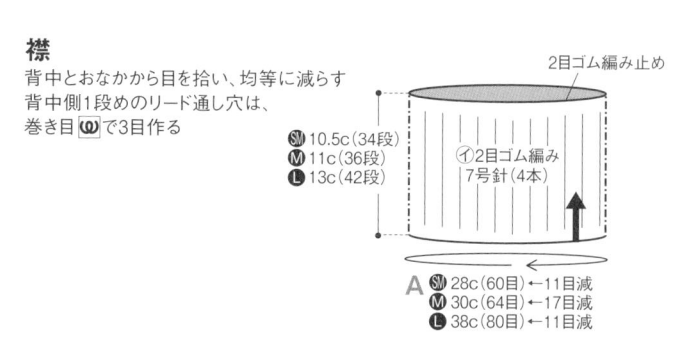

2目ゴム編み止め

Ⓢ Ⓜ10.5c(34段)
Ⓜ11c(36段)
Ⓛ13c(42段)

㋑2目ゴム編み
7号針(4本)

A
Ⓢ Ⓜ28c(60目)←11目減
Ⓜ30c(64目)←17目減
Ⓛ38c(80目)←11目減

モデル犬

Ⓐ:Mサイズベース(B2を-4cm)
Ⓑ:Mサイズベース(B2を+1cm)

サイズ展開

	首回り(A)	胴回り(B)	背丈(C)	脚幅(D)	首〜脇(E)	脇〜腹(F)
Ⓢ Ⓜ	28c	42c	31.5c	5c	17c	8c
Ⓜ	30c	50c	26.5c	6c	18c	8c
Ⓛ	38c	55c	35.5c	7c	20c	10c

サイズ調整のポイント

背中のB1目数は、編み込み模様C→両側の編み込み模様Dの目数→全
体の目数の順に出します。模様編みA、Bは8目で1模様なので、全体が8
の倍数+1目になるように調整。着丈Cはメリヤス編み部分で調整します。

背中編み込み模様図（SMロングサイズで説明）

■ = |I| Ⓐ: ⑦col.24（黒）　Ⓑ: ⑦col.6（赤）
□ = |I| Ⓐ・Ⓑ: ㋑col.20（白）
|I| = 表目

※Ⓐのおなかのときは
上下4段はそのままで
市松模様部分の段数
でサイズを調整する

SM（6目）
M（10目）
L（14目）

編み込み模様C
49目25段1模様　伏せ目　　編み込み模様D

編み込み模様B
8目8段1模様

メリヤス編み
SM 8c（22段）
M 3c（8段）
L 11.5c（32段）

2目ゴム編み

※**M**は左右4目ずつ、**L**は左右8目ずつ
模様を広げる

編み込み模様A
8目22段1模様

55

07 p20-21

アラン透かし模様

Ⓐローズ　Ⓑブルー

■ 材料

Ⓐ ハマナカ アランツィード col.14（ローズ）
［モデル犬着用分 85g］
Ⓑ ハマナカ アランツィード col.13（ブルー）
［モデル犬着用分 115g］

■ 用具 （ⒶⒷ共通）

ハマナカ アミアミ2本棒針、4本棒針 9号針

■ ゲージ （ⒶⒷ共通）

模様編みA（1模様）6.8×2.6cm＝13目×6段
模様編みB（1模様）1×1.5cm＝2目×4段
メリヤス編み10cm角＝17目×24段

■ 編み方のポイント （ⒶⒷ共通）

（糸は1本どりで編みます）

1 ［背中］は一般的な作り目、1目ゴム編み
で編み始め、本体部分は糸を替えながら
模様編みA、Bで編む。

2 ［おなか］は一般的な作り目、1目ゴム編
みで編み始め、本体部分はメリヤス編み
と模様編みBで編む。

3 ［背中］と［おなか］の♥、♡、♠、♤同
士をとじ合わせる。休めていた目を拾って
［襟］を1目ゴム編みで編み、1目ゴム編み
止めで止める。

背中

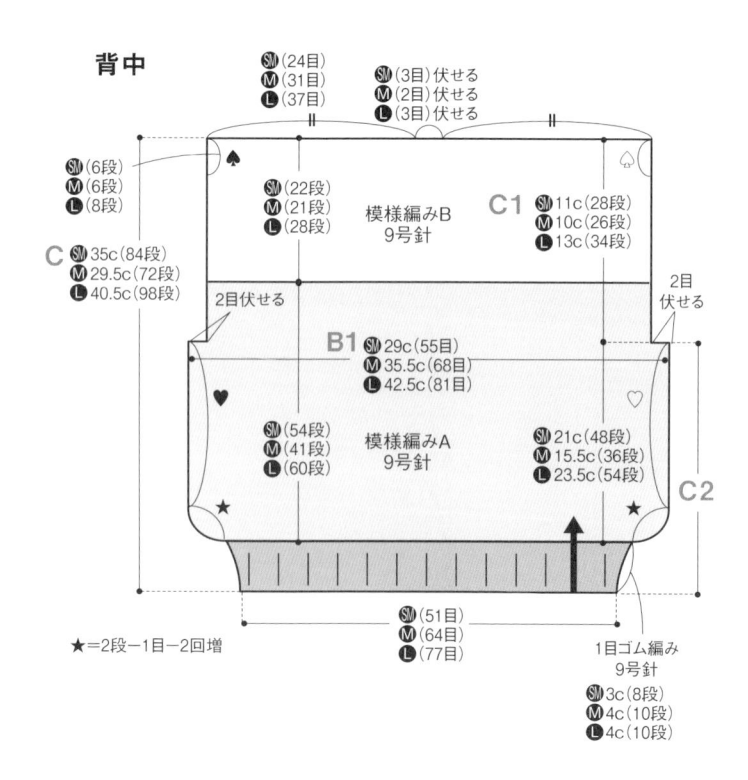

★＝2段−1目−2回増

おなか

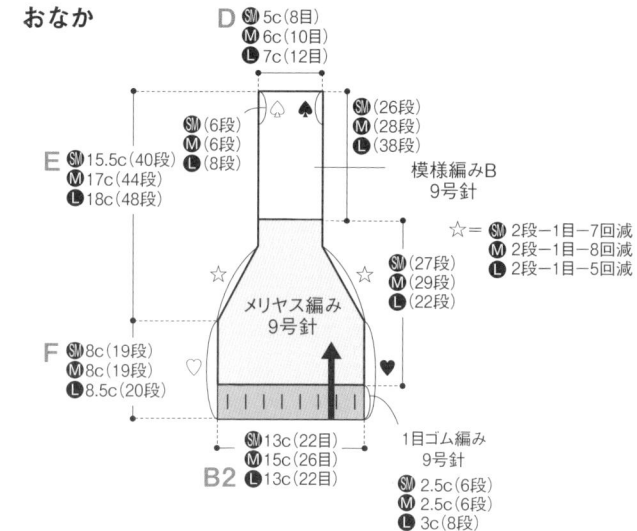

☆＝ⓈⓂ2段−1目−7回減
　Ⓜ2段−1目−8回減
　Ⓛ2段−1目−5回減

襟

背中とおなかから目を拾い、均等に減らす
背中側1段めのリード通し穴は、
巻き目 ⓌでⓈⓂⓁは2目、Ⓜは3目作る

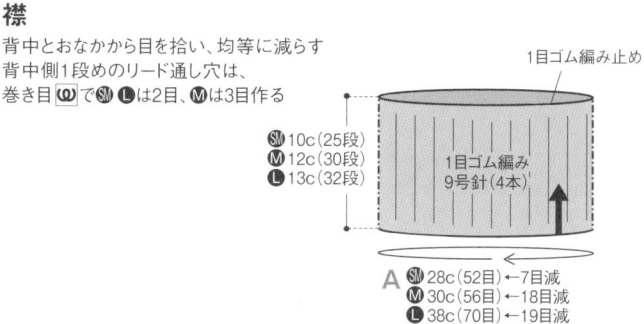

モデル犬

Ⓐ: SMロングサイズベース（Aを-3cm）
Ⓑ: Lサイズベース（Aを-11cm、Bを-5cm）

サイズ展開

	首回り(A)	胴回り(B)	背丈(C)	脚幅(D)	首～脇(E)	脇～腹(F)
ⓈⓂ	28c	42c	35c	5c	15.5c	8c
Ⓜ	30c	50.5c	29.5c	6c	17c	8c
Ⓛ	38c	55.5c	40.5c	7c	18c	8.5c

サイズ調整のポイント

背中の模様編みAとBの段数バランスは、約7:3がおすすめです。

背中編み込み模様図（SMロングサイズで説明）

□ = I 表目

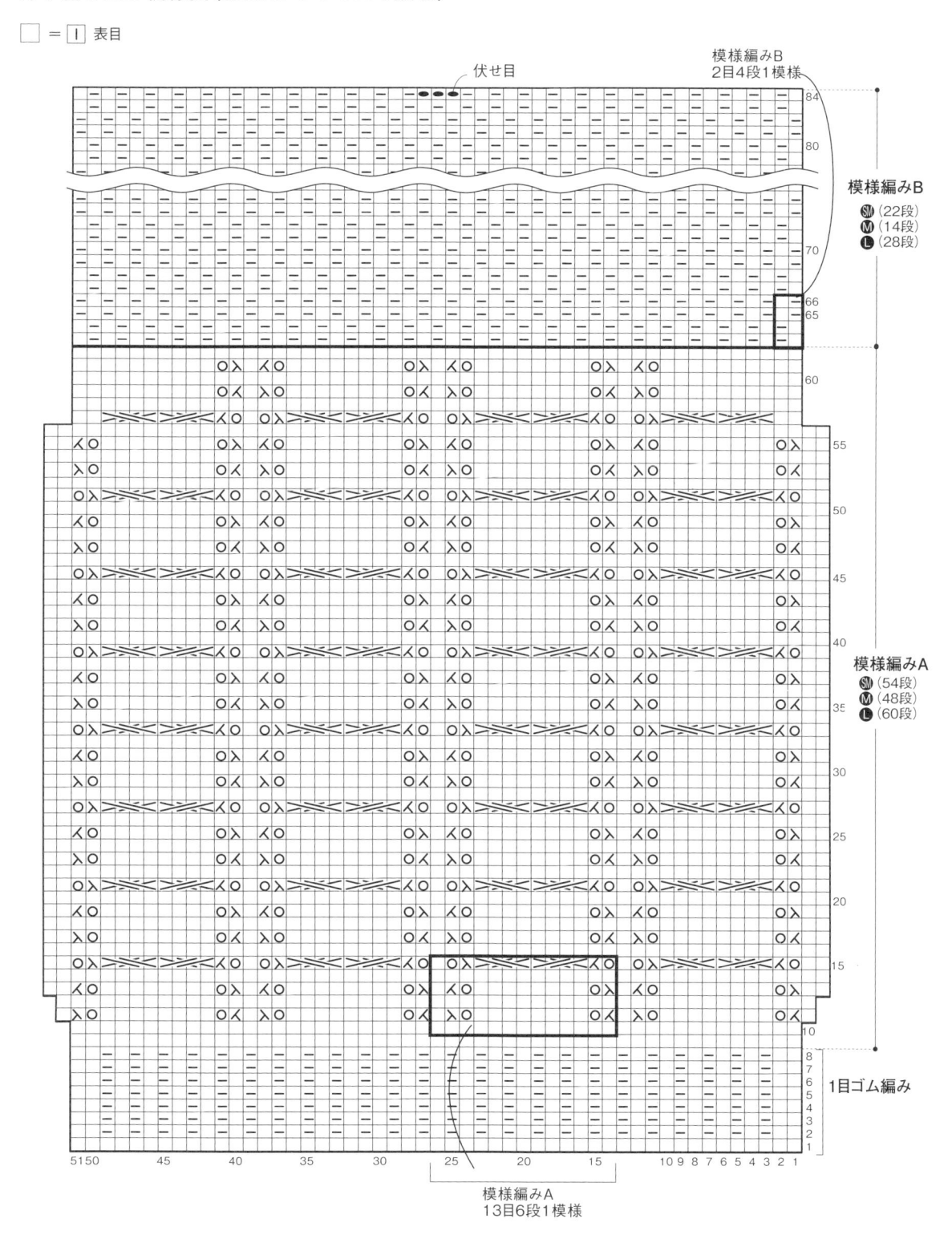

模様編みB
2目4段1模様

伏せ目

模様編みB
SM（22段）
M（14段）
L（28段）

模様編みA
SM（54段）
M（48段）
L（60段）

1目ゴム編み

模様編みA
13目6段1模様

57

ボーンポケットセーター

Ⓐ 黄緑×紫系　Ⓑ からし色×ターコイズ系

■ 材料

Ⓐ ハマナカ アメリー
㋑col.13（黄緑）、㋺col.10（ペールブルー）、
㋩col.11（ターコイズ）、㋥col.18（紫）、
㋭ハマナカ モヘア col.61（オフ白）
[モデル犬着用分 ㋑15g、㋺40g、㋩5g、
㋥10g、㋭2g]

Ⓑ ハマナカ アメリー
㋑col.3（からし色）、㋺col.22（ベージュ）、
㋩col.4（オレンジ）、㋥col.12（青緑）、
㋭ハマナカ モヘア col.61（オフ白）
[モデル犬着用分 ㋑15g、㋺40g、㋩5g、
㋥10g、㋭2g]

■ 用具（ⒶⒷ共通）

ハマナカ アミアミ2本棒針、4本棒針 7号針

■ ゲージ（ⒶⒷ共通）

メリヤス編み（アメリー）10cm角＝20目×28段

■ 編み方のポイント（ⒶⒷ共通）

（糸は1本どりで編みます）

1 ［背中］は一般的な作り目、2目ゴム編み
　で編み始め、本体部分は糸を替えながら
　メリヤス編みで編む。

2 ［おなか］は一般的な作り目、2目ゴム編
　みで編み始め、本体部分はメリヤス編み
　で編む。

3 ［背中］と［おなか］の♥、♡、♠、♤同
　士をとじ合わせる。休めていた目を拾って
　［襟］を2目ゴム編みで編み、2目ゴム編み
　止めで止める。

4 ［背中］と［おなか］から目を拾って［袖］を2
　目ゴム編みで編み、2目ゴム編み止めで
　目を止める。

5 ポケットを編み、背中にとじつける。

モデル犬

　ⒶⒷともSMロングサイズベース（Cを-3.5cm）

サイズ展開

	首回り(A)	胴回り(B)	背丈(C)	脚幅(D)	首～脇(E)	脇～腹(F)
Ⓢ	25c	40c	22.5c	5c	15c	5c
ⓈⓂ	28c	42c	31c	5c	17c	5.5c
Ⓜ	30c	50c	27c	6c	18c	5.5c

背中

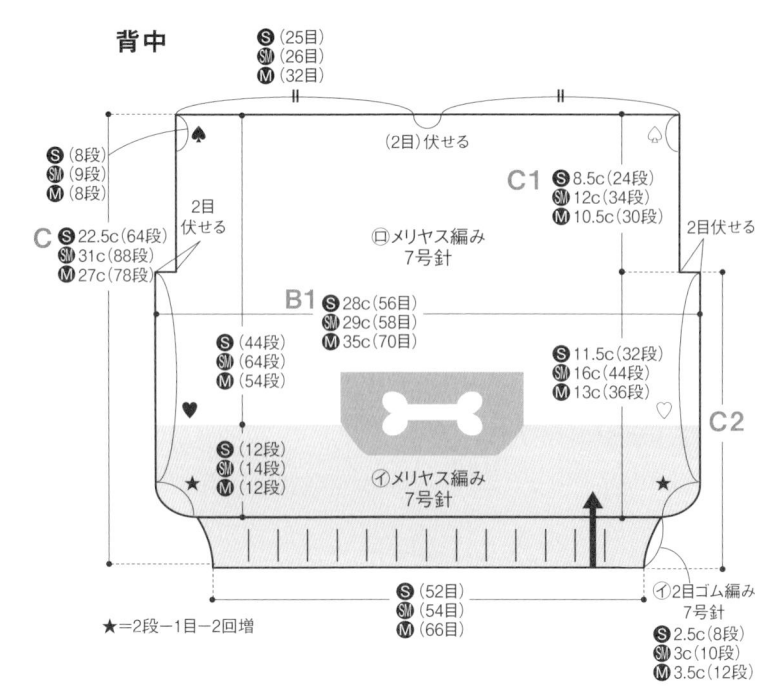

Ⓢ（25目）
ⓈⓂ（26目）
Ⓜ（32目）

（2目）伏せる

Ⓢ（8段）
ⓈⓂ（9段）
Ⓜ（8段）

C1 Ⓢ8.5c（24段）
ⓈⓂ12c（34段）
Ⓜ10.5c（30段）

2目伏せる

C Ⓢ22.5c（64段）
ⓈⓂ31c（88段）
Ⓜ27c（78段）

2目伏せる

㋺メリヤス編み
7号針

B1 Ⓢ28c（56目）
ⓈⓂ29c（58目）
Ⓜ35c（70目）

Ⓢ（44段）
ⓈⓂ（64段）
Ⓜ（54段）

Ⓢ11.5c（32段）
ⓈⓂ16c（44段）
Ⓜ13c（36段）

C2

Ⓢ（12段）
ⓈⓂ（14段）
Ⓜ（12段）

㋑メリヤス編み
7号針

★=2段－1目－2回増

Ⓢ（52目）
ⓈⓂ（54目）
Ⓜ（66目）

㋥2目ゴム編み
7号針
Ⓢ2.5c（8段）
ⓈⓂ3c（10段）
Ⓜ3.5c（12段）

おなか

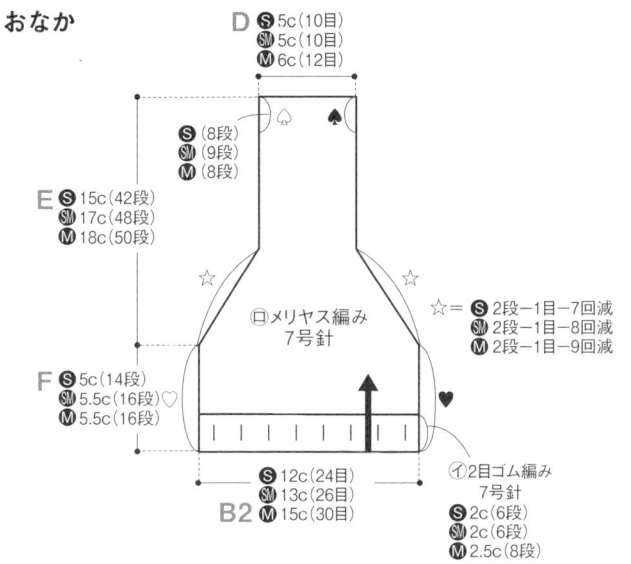

D Ⓢ5c（10目）
ⓈⓂ5c（10目）
Ⓜ6c（12目）

Ⓢ（8段）
ⓈⓂ（9段）
Ⓜ（8段）

E Ⓢ15c（42段）
ⓈⓂ17c（48段）
Ⓜ18c（50段）

☆= Ⓢ2段－1目－7回減
ⓈⓂ2段－1目－8回減
Ⓜ2段－1目－9回減

㋺メリヤス編み
7号針

F Ⓢ5c（14段）
ⓈⓂ5.5c（16段）♡
Ⓜ5.5c（16段）

B2 Ⓢ12c（24目）
ⓈⓂ13c（26目）
Ⓜ15c（30目）

㋑2目ゴム編み
7号針
Ⓢ2c（6段）
ⓈⓂ2c（6段）
Ⓜ2.5c（8段）

襟

背中とおなかから目を拾い、均等に減らす
背中側1段めのリード通し穴は、
巻き目Ⓦで2目作る

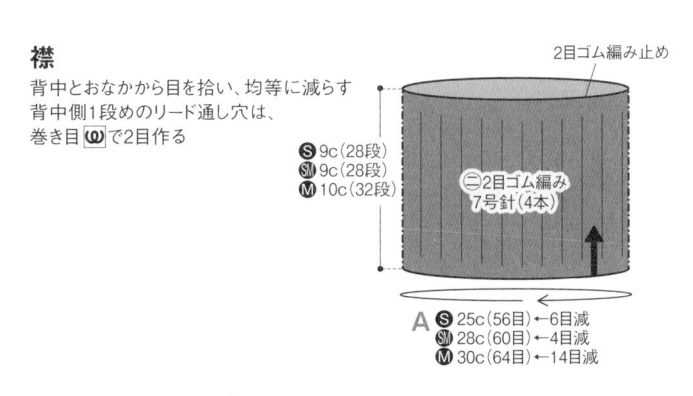

2目ゴム編み止め

Ⓢ9c（28段）
ⓈⓂ9c（28段）
Ⓜ10c（32段）

㋥2目ゴム編み
7号針（4本）

A Ⓢ25c（56目）←6目減
ⓈⓂ28c（60目）←4目減
Ⓜ30c（64目）←14目減

サイズ調整のポイント

背中の色替えのバランスは3:7、ポケットつけ位置は、着丈全体の4分め
目安にポケット上部を合わせてください。

袖

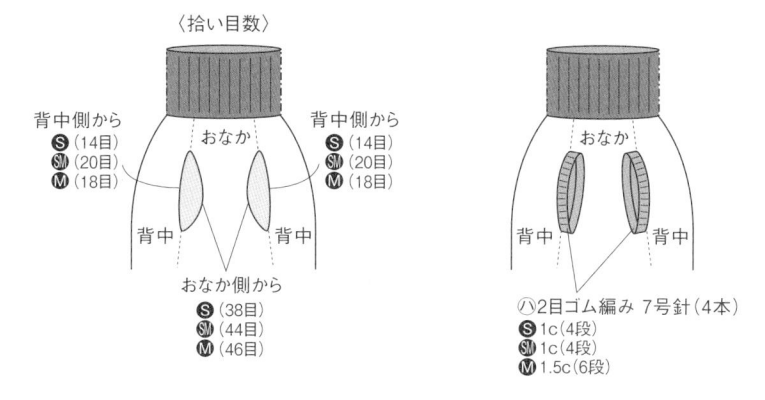

〈拾い目数〉

背中側から
Ⓢ（14目）
⑨（20目）
Ⓜ（18目）

おなか

背中側から
Ⓢ（14目）
⑨（20目）
Ⓜ（18目）

背中　背中

おなか側から
Ⓢ（38目）
⑨（44目）
Ⓜ（46目）

おなか

背中　背中

ⓗ2目ゴム編み 7号針（4本）
Ⓢ 1c（4段）
⑨ 1c（4段）
Ⓜ 1.5c（6段）

ポケットつけ位置

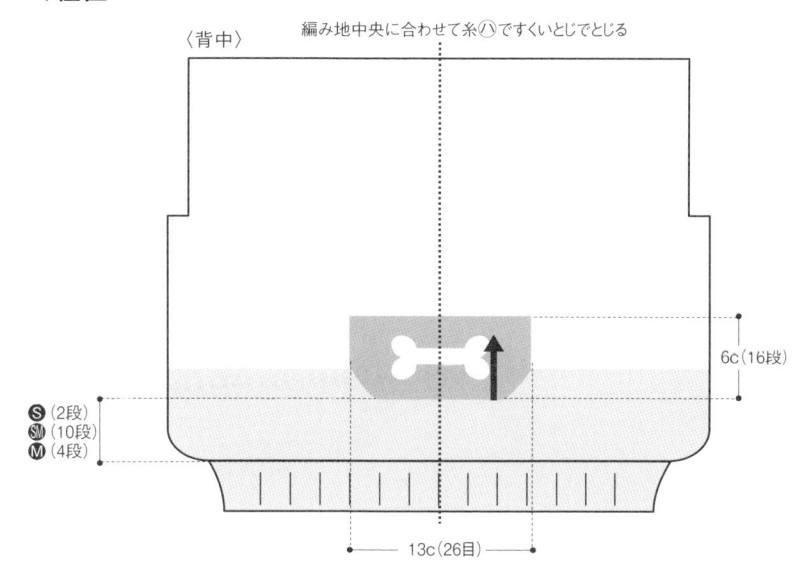

〈背中〉　編み地中央に合わせて糸ⓗですくいとじでとじる

6c（16段）

Ⓢ（2段）
⑨（10段）
Ⓜ（4段）

13c（26目）

ポケット（各サイズ共通）

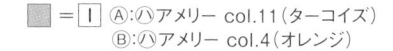＝Ⓘ　Ⓐ:ⓗアメリー col.11（ターコイズ）
Ⓑ:ⓗアメリー col.4（オレンジ）

□＝Ⓘ　Ⓐ・Ⓑ: ⓟハマナカモヘア
col.61（オフ白）

Ⓘ＝ 表目

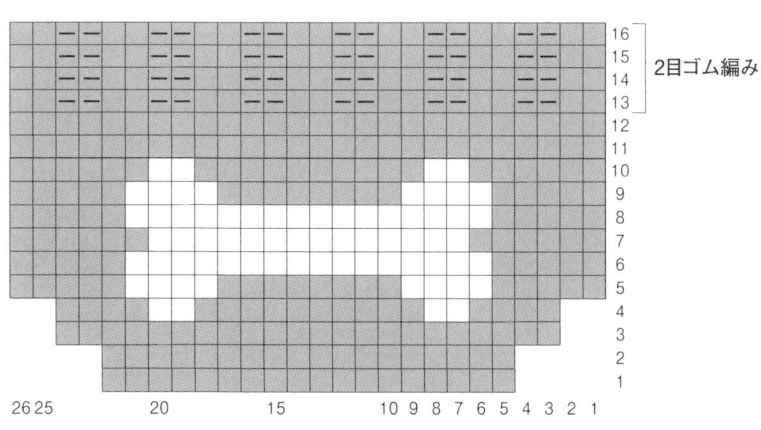

2目ゴム編み

16 15 14 13 12 11 10 9 8 7 6 5 4 3 2 1

26 25　20　15　10 9 8 7 6 5 4 3 2 1

カウチン模様

Ⓐ Lサイズ　Ⓑ SMロングサイズ

■ 材料

ハマナカ カナディアン3S
①col.1(アイボリー)、□col.4(こげ茶)、ⓝcol.3(ベージュ)
[モデル犬着用分 Ⓐ①60g、□45g、ⓝ35g、Ⓑ①40g、□35g、ⓝ25g]

■ 用具 (ⒶⒷ共通)

ハマナカ アミアミ2本棒針、4本棒針 13号針

■ ゲージ (ⒶⒷ共通)

メリヤス編み10cm角=12目×20段
編み込み模様A(1模様)8×6cm=10目×11段
編み込み模様B(イーグル模様部分)
22×10cm=28目×17段

■ 編み方のポイント (ⒶⒷ共通)

(糸は1本どりで編みます)

1 [背中]は一般的な作り目、2目ゴム編みで編み始め、本体部分は糸を替えながら編み込み模様で編む。

2 [おなか]は一般的な作り目、2目ゴム編みで編み始め、本体部分はメリヤス編みと編み込み模様で編む。

3 [背中]と[おなか]の♥、♡、♠、♤同士をとじ合わせる(糸が太いので半目でとじたほうがごろつかない)。休めていた目を拾って[襟]をガーター編みで編み、伏せ止めで止める。

背中

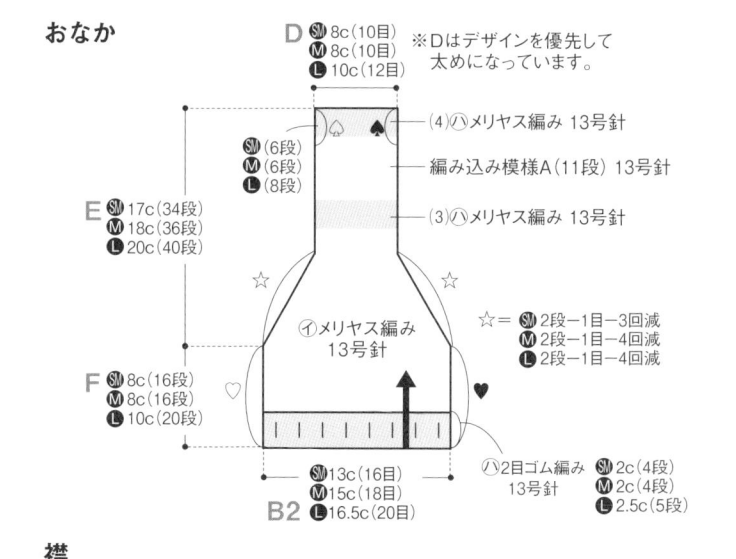

SM(14目) M(16目) L(18目)　2目伏せる

SM(6段) M(6段) L(8段)
2目伏せる

C SM35c(65段) M30c(55段) L40c(75段)

B1 SM27c(34目) M30c(38目) L33c(42目)

(4)ⓝメリヤス編み 13号針 ♤
編み込み模様A(11段) 13号針
(3)ⓝメリヤス編み 13号針
編み込み模様B(17段) 13号針
(2)ⓝメリヤス編み 13号針
編み込み模様A(11段) 13号針
(1)ⓝメリヤス編み 13号針

C1 SM13c(25段) M11c(21段) L15c(28段)
2目伏せる
C2
SM18c(32段) M15c(26段) L20c(37段)

SM(30目) M(34目) L(38目)
ⓝ2目ゴム編み 13号針
SM4c(8段) M4c(8段) L5c(10段)

★=2段-1目-2回増

背中・おなか共通 ⓝメリヤス編み

	(1)	(2)	(3)	(4)
SM	2c(4段)	1c(2段)	3c(6段)	3c(6段)
M	0	1c(2段)	2c(4段)	1c(2段)
L	5c(10段※)	1c(2段)	3c(6段)	4c(8段)

※モデル仕様はⓝと①のボーダーに配色アレンジしています。

おなか

D SM8c(10目) M8c(10目) L10c(12目)
※Dはデザインを優先して太めになっています。

(4)ⓝメリヤス編み 13号針 ♤
SM(6段) M(6段) L(8段)
編み込み模様A(11段) 13号針
E SM17c(34段) M18c(36段) L20c(40段)
(3)ⓝメリヤス編み 13号針

☆
①メリヤス編み 13号針
☆= SM2段-1目-3回減 M2段-1目-4回減 L2段-1目-4回減

F SM8c(16段) M8c(16段) L10c(20段)
♡ ♥

SM13c(16目) M15c(18目) L16.5c(20目)
B2
ⓝ2目ゴム編み 13号針
SM2c(4段) M2c(4段) L2.5c(5段)

襟

背中とおなかから目を拾い、均等に減らす
背中側1段めのリード通し穴は、巻き目🅦で2目作る
伏せ止め
SM3.5c(8段) M3.5c(8段) L4c(10段)
□ガーター編み 13号針(4本)(2段)
①ガーター編み13号針(4本)
SM(6段) M(6段) L(8段)
A SM28c(34目)←4目減 M30c(36目)←8目減 L38c(46目)←4目減

モデル犬

Ⓐ: Lサイズベース(B2を+5cm、C1を-4cm、Eを-5.5cm)
Ⓑ: SMロングサイズベース(B2を+1.5cm、C1を-2cm、Eを-3.5cm)

サイズ展開

	首回り(A)	胴回り(B)	背丈(C)	脚幅(D)	首~脇(E)	脇~腹(F)
SM	28c	40c	35c	8c	17c	8c
M	30c	45c	30c	8c	18c	8c
L	38c	49.5c	40.5c	10c	20c	10c

サイズ調整のポイント

糸が太いので、とじ代の分も考えてサイズを決めましょう。背丈Cは(1)メリヤス編み部分で調整。もしこの部分が長くなるようなら、モデル犬着用アレンジバージョンのように、ボーダーにしても。身幅B1は模様編みBを中心に配置し、両サイドは等等に配置。模様編みAはどこで切れてもOKです。

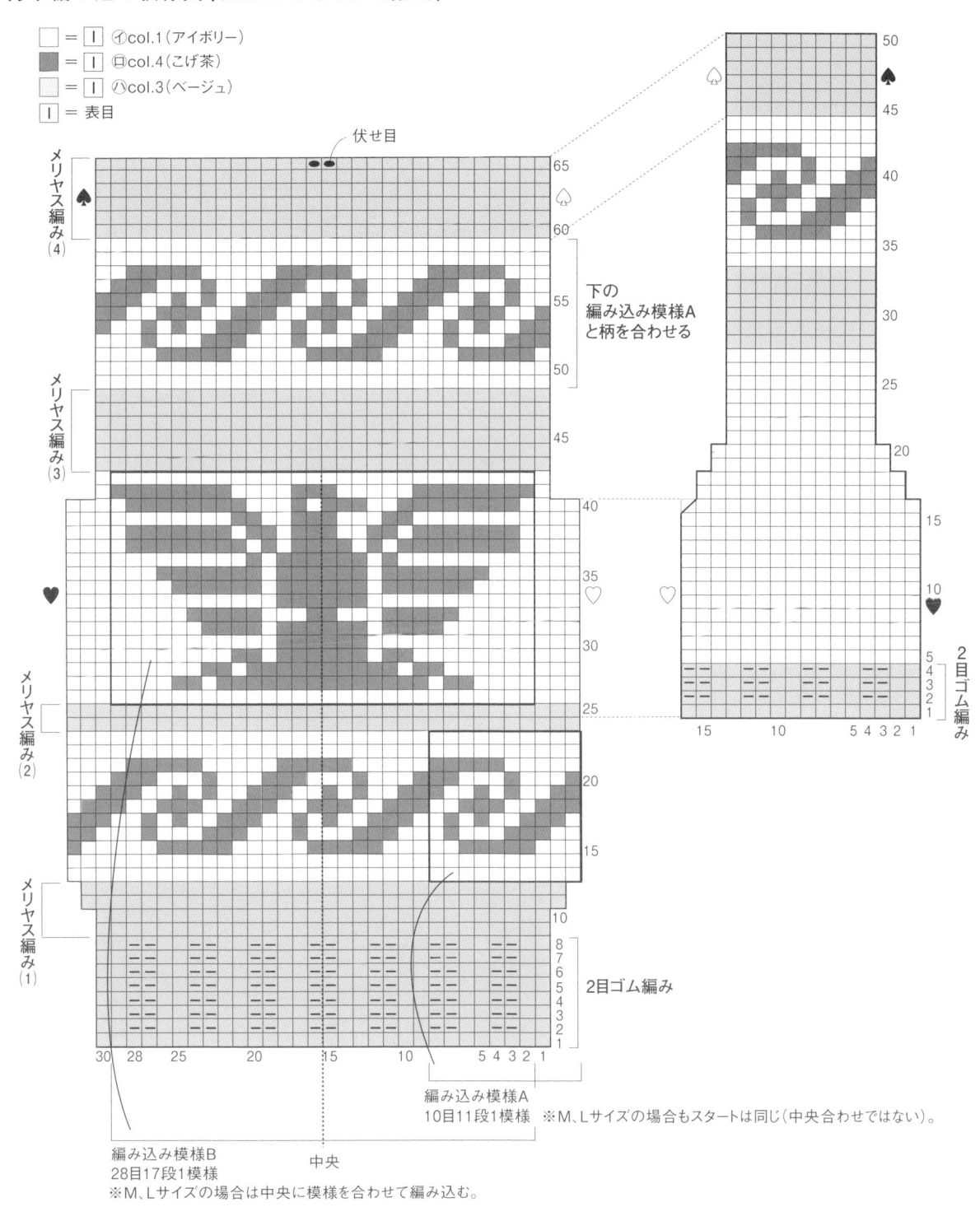

おなか編み込み模様図
（SMロングサイズで説明）

背中編み込み模様図（SMロングサイズで説明）

□ = Ｉ ①col.1（アイボリー）
■ = Ｉ ④col.4（こげ茶）
▨ = Ｉ ⑧col.3（ベージュ）
Ｉ = 表目

伏せ目

メリヤス編み（4）

下の編み込み模様Ａと柄を合わせる

メリヤス編み（3）

メリヤス編み（2）

2目ゴム編み

メリヤス編み（1）

2目ゴム編み

編み込み模様Ａ
10目11段1模様

※Ｍ、Ｌサイズの場合もスタートは同じ（中央合わせではない）。

編み込み模様Ｂ
28目17段1模様

中央

※Ｍ、Ｌサイズの場合は中央に模様を合わせて編み込む。

10 p26-27

シンプルなアラン模様

Ⓐ グレー　Ⓑ ベージュ

■ 材料

Ⓐ ハマナカ アランツィード
①col. 3(グレー)、②col.11(ネイビー)
[モデル犬着用分 ①120g、②5g]
Ⓑ ハマナカ アランツィード
①col.1(オフ白)、②col.8(こげ茶)
[モデル犬着用分 ①75g、②5g]

■ 用具 (ⒶⒷ共通)

ハマナカ アミアミ2本棒針、4本棒針 9号針

■ ゲージ (ⒶⒷ共通)

模様編みA(1模様)5×4.8cm＝12目×12段
模様編みB(1模様)1.8×1.6cm＝4目×4段
メリヤス編み10cm角＝17目×22段

■ 編み方のポイント (ⒶⒷ共通)

(糸は1本どりで編みます)

1 [背中]は一般的な作り目、1目ゴム編み
で編み始め、本体部分は模様編みAとB
で編む。

2 [おなか]は一般的な作り目、1目ゴム編
みで編み始め、本体部分は模様編みB
と裏メリヤス編みで編む。

3 [背中]と[おなか]の♥、♡、♠、♤同
士をとじ合わせる。休めていた目を拾って
[襟]を1目ゴム編みで編み、1目ゴム編み
止めで止める。

背中

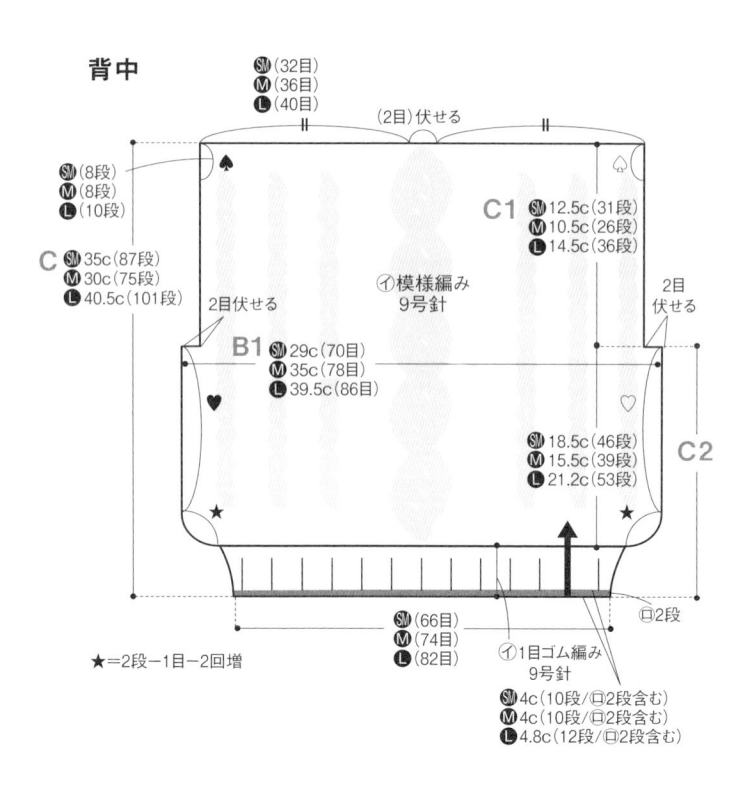

ⓈⓂ(32目)
Ⓜ(36目)
Ⓛ(40目)
(2目)伏せる

ⓈⓂ(8段) Ⓜ(8段) Ⓛ(10段)

C1 ⓈⓂ12.5c(31段) Ⓜ10.5c(26段) Ⓛ14.5c(36段)

C ⓈⓂ35c(87段) Ⓜ30c(75段) Ⓛ40.5c(101段)

①模様編み 9号針

2目伏せる

2目伏せる

B1 ⓈⓂ29c(70目) Ⓜ35c(78目) Ⓛ39.5c(86目)

ⓈⓂ18.5c(46段) Ⓜ15.5c(39段) Ⓛ21.2c(53段)

C2

★=2段-1目-2回増

ⓈⓂ(66目) Ⓜ(74目) Ⓛ(82目)

①1目ゴム編み 9号針

②2段

ⓈⓂ4c(10段/②2段含む) Ⓜ4c(10段/②2段含む) Ⓛ4.8c(12段/②2段含む)

おなか

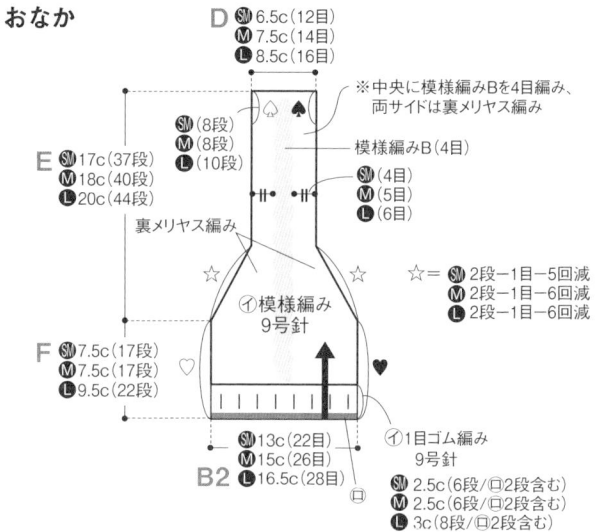

D ⓈⓂ6.5c(12目) Ⓜ7.5c(14目) Ⓛ8.5c(16目)

※中央に模様編みBを4目編み、
両サイドは裏メリヤス編み

ⓈⓂ(8段) Ⓜ(8段) Ⓛ(10段)

模様編みB(4目)

ⓈⓂ(4目) Ⓜ(5目) Ⓛ(6目)

E ⓈⓂ17c(37段) Ⓜ18c(40段) Ⓛ20c(44段)

裏メリヤス編み

①模様編み 9号針

☆= ⓈⓂ2段-1目-5回減 Ⓜ2段-1目-6回減 Ⓛ2段-1目-6回減

F ⓈⓂ7.5c(17段) Ⓜ7.5c(17段) Ⓛ9.5c(22段)

①1目ゴム編み 9号針

B2 ⓈⓂ13c(22目) Ⓜ15c(26目) Ⓛ16.5c(28目)

②2段

ⓈⓂ2.5c(6段/②2段含む) Ⓜ2.5c(6段/②2段含む) Ⓛ3c(8段/②2段含む)

襟

背中とおなかから目を拾い、均等に減らす
背中側1段めのリード通し穴は、
巻き目 ⓌⓄ で2目作る

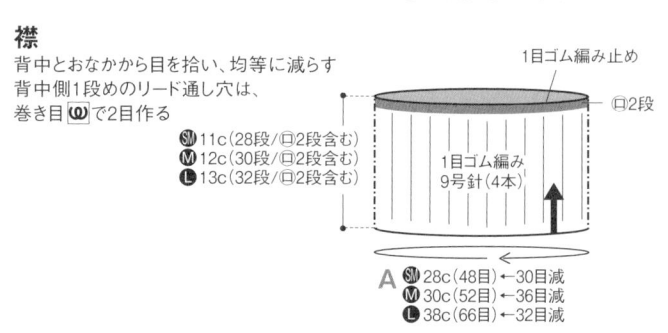

1目ゴム編み止め

②2段

ⓈⓂ11c(28段/②2段含む) Ⓜ12c(30段/②2段含む) Ⓛ13c(32段/②2段含む)

1目ゴム編み 9号針(4本)

A ⓈⓂ28c(48目)←30目減 Ⓜ30c(52目)←36目減 Ⓛ38c(66目)←32目減

モデル犬

Ⓐ: Mサイズベース(Cを+5cm)
Ⓑ: SMロングサイズベース(Cを-5cm)

サイズ展開

	首回り(A)	胴回り(B)	背丈(C)	脚幅(D)	首～脇(E)	脇～腹(F)
ⓈⓂ	28c	42c	35c	6.5c	17c	7.5c
Ⓜ	30c	50c	30c	7.5c	18c	7.5c
Ⓛ	38c	56c	40.5c	8.5c	20c	9.5c

サイズ調整のポイント

背中、おなかの身幅B1、B2の目数は、なわ編みの本数または、両サイドの
メリヤス編み部分で調整してください。

背中編み込み模様図（SMロングサイズで説明）

凡例:
- ▨ = 右上2目交差
- ▨ = 右上3目交差
- ★ = ▨ = 右上6目交差
- ⊡ = 裏目

- □ = ⊡ A：イ col.3（グレー）　B：イ col.1（オフ白）
- ■ = ⊡ A：ロ col.11（ネイビー）　B：ロ col.8（こげ茶）

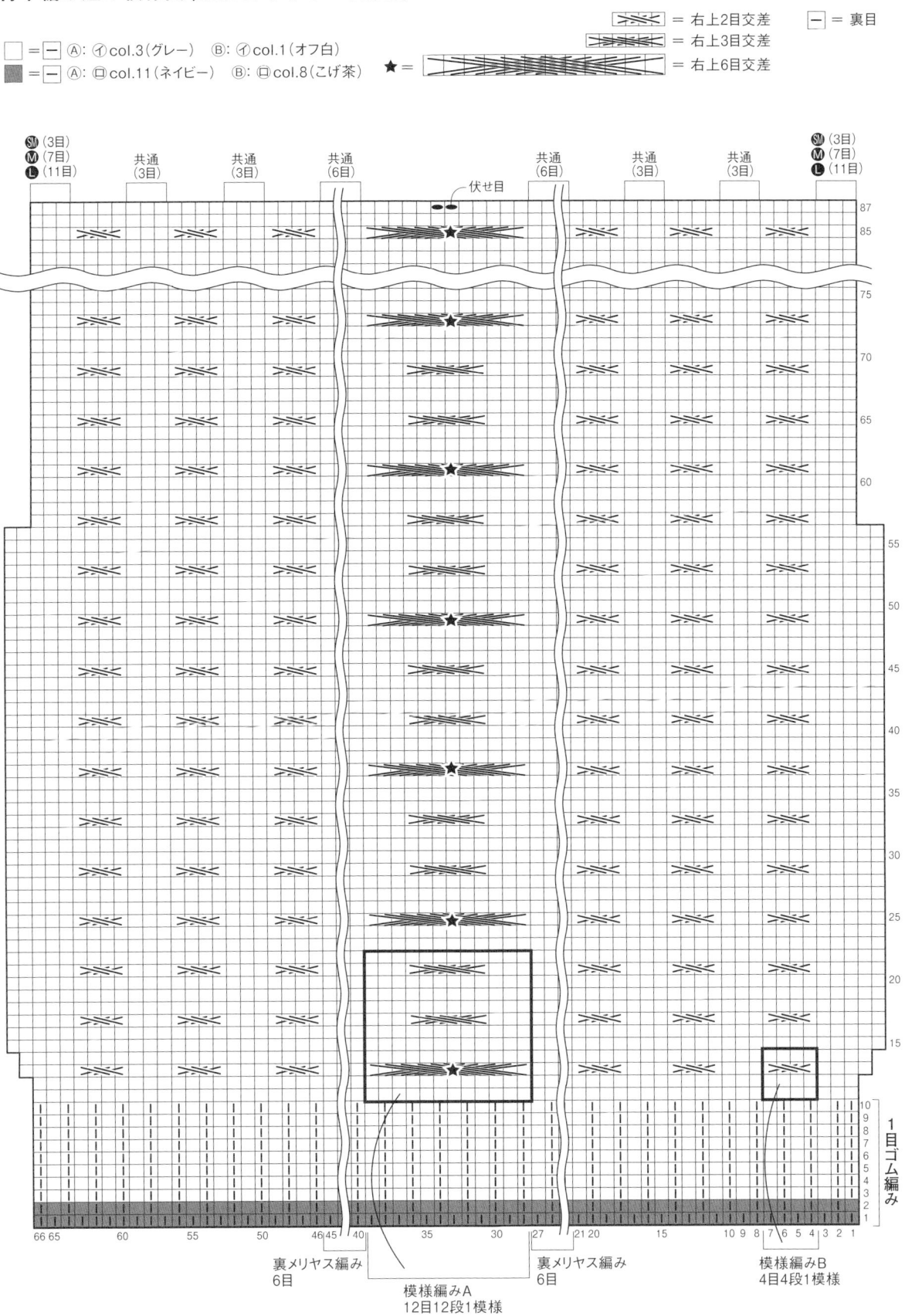

11 p28-29

ミックス糸の透かし模様

Ⓐ 赤系　Ⓑ コーラル系

■ 材料

Ⓐ ハマナカ 純毛中細
㋑〈グラデーション〉col.104（赤系）、
㋺col.10（赤）
［モデル犬着用分 ㋑120g、㋺40g］
Ⓑ ハマナカ 純毛中細
㋑〈グラデーション〉col.102（コーラル系）、
㋺col.4（オレンジ）
［モデル犬着用分 ㋑85g、㋺30g］

■ 用具（ⒶⒷ共通）

ハマナカ アミアミ2本棒針、4本棒針 6号針

■ ゲージ（ⒶⒷ共通）

模様編み5×4㎝＝10目×12段
メリヤス編み10㎝角＝20目×30段

■ 編み方のポイント（ⒶⒷ共通）

（糸は2本どりで編みます）

1　［背中］は一般的な作り目、2目ゴム編み
　　で編み始め、本体部分は模様編みとメリ
　　ヤス編みで編む。

2　［おなか］は一般的な作り目、2目ゴム編
　　みで編み始め、本体部分はメリヤス編み
　　で編む。

3　［背中］と［おなか］の♥、♡、♠、♤同
　　士をとじ合わせる。休めていた目を拾って
　　［襟］を2目ゴム編みで編み、2目ゴム編み
　　止めで止める。

モデル犬

　　Ⓐ：Lサイズベース（Bを+3㎝）
　　Ⓑ：Mサイズベース（Bを+1㎝、Cを+8㎝）

サイズ展開

	首回り(A)	胴回り(B)	背丈(C)	脚幅(D)	首～脇(E)	脇～腹(F)
ⓈⓂ	28c	42c	35.5c	5c	16.5c	8c
Ⓜ	30c	49c	30c	6c	18c	8c
Ⓛ	38c	56c	40c	7c	20c	10c

背中

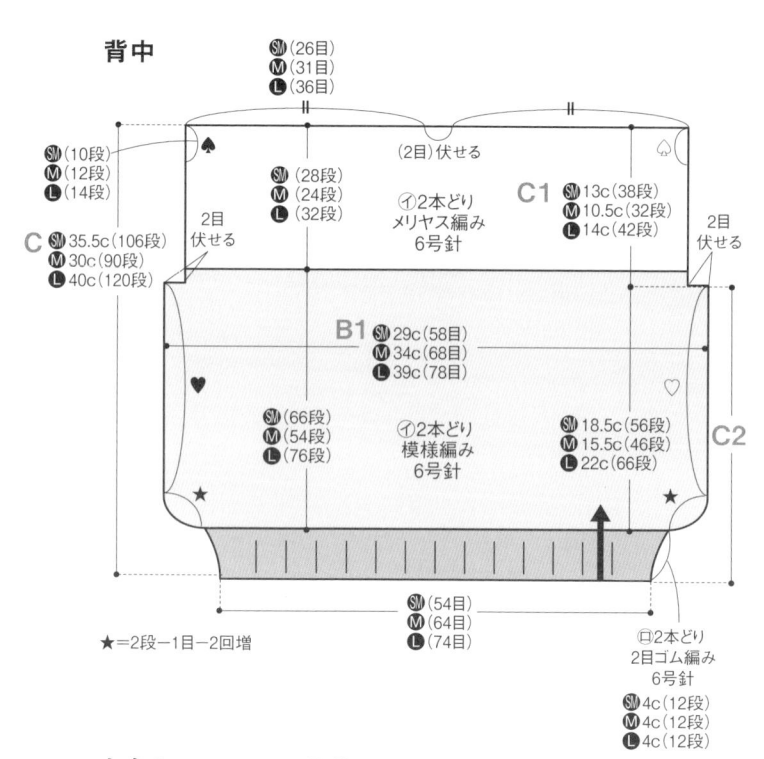

ⓈⓂ(26目)
Ⓜ(31目)
Ⓛ(36目)

ⓈⓂ(10段)
Ⓜ(12段)
Ⓛ(14段)

（2目）伏せる

ⓈⓂ(28段)
Ⓜ(24段)
Ⓛ(32段)

㋑2本どり
メリヤス編み
6号針

C1　ⓈⓂ13c(38段)
Ⓜ10.5c(32段)
Ⓛ14c(42段)

2目伏せる

2目
伏せる

C　ⓈⓂ35.5c(106段)
Ⓜ30c(90段)
Ⓛ40c(120段)

B1　ⓈⓂ29c(58目)
Ⓜ34c(68目)
Ⓛ39c(78目)

ⓈⓂ(66段)
Ⓜ(54段)
Ⓛ(76段)

㋑2本どり
模様編み
6号針

ⓈⓂ18.5c(56段)
Ⓜ15.5c(46段)
Ⓛ22c(66段)

C2

ⓈⓂ(54目)
Ⓜ(64目)
Ⓛ(74目)

★＝2段－1目－2回増

㋺2本どり
2目ゴム編み
6号針
ⓈⓂ4c(12段)
Ⓜ4c(12段)
Ⓛ4c(12段)

おなか

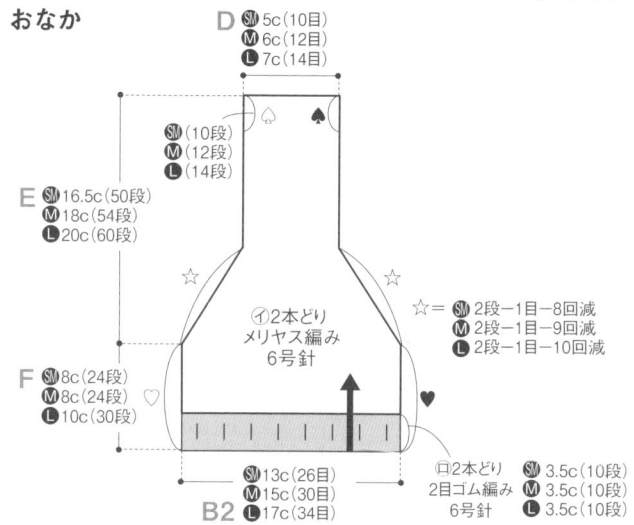

D　ⓈⓂ5c(10目)
Ⓜ6c(12目)
Ⓛ7c(14目)

ⓈⓂ(10段)
Ⓜ(12段)
Ⓛ

E　ⓈⓂ16.5c(50段)
Ⓜ18c(54段)
Ⓛ20c(60段)

㋑2本どり
メリヤス編み
6号針

☆＝ ⓈⓂ2段－1目－8回減
Ⓜ2段－1目－9回減
Ⓛ2段－1目－10回減

F　ⓈⓂ8c(24段)
Ⓜ8c(24段)
Ⓛ10c(30段)

ⓈⓂ13c(26目)
Ⓜ15c(30目)
Ⓛ17c(34目)

B2

㋺2本どり
2目ゴム編み
6号針

ⓈⓂ3.5c(10段)
Ⓜ3.5c(10段)
Ⓛ3.5c(10段)

襟

背中とおなかから目を拾い、均等に減らす
背中側1段めのリード通し穴は、
巻き目ⓦで2目作る

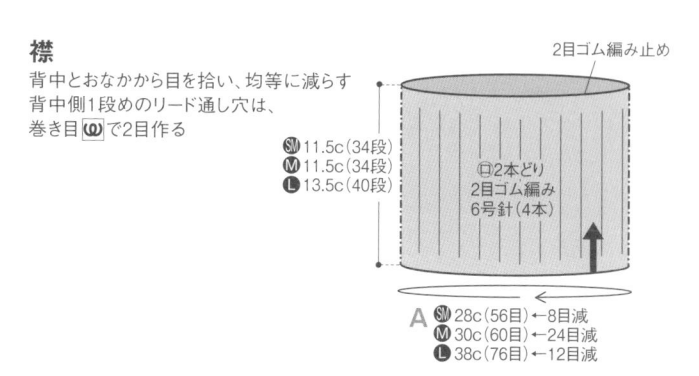

2目ゴム編み止め

ⓈⓂ11.5c(34段)
Ⓜ11.5c(34段)
Ⓛ13.5c(40段)

㋺2本どり
2目ゴム編み
6号針(4本)

A　ⓈⓂ28c(56目)　←8目減
Ⓜ30c(60目)　←24目減
Ⓛ38c(76目)　←12目減

┌ サイズ調整のポイント ─

背中の模様編みとメリヤス編みのバランスは、7:3がおすすめです。

背中編み込み模様図（SMロングサイズで説明）

- □ = Ⓘ Ⓐ:ⓘcol.104（赤系）　Ⓑ:ⓘcol.102（コーラル系）
- ▨ = Ⓘ Ⓐ:☐col.10（赤）　Ⓑ:☐col.4（オレンジ）
- Ⅰ = 表目

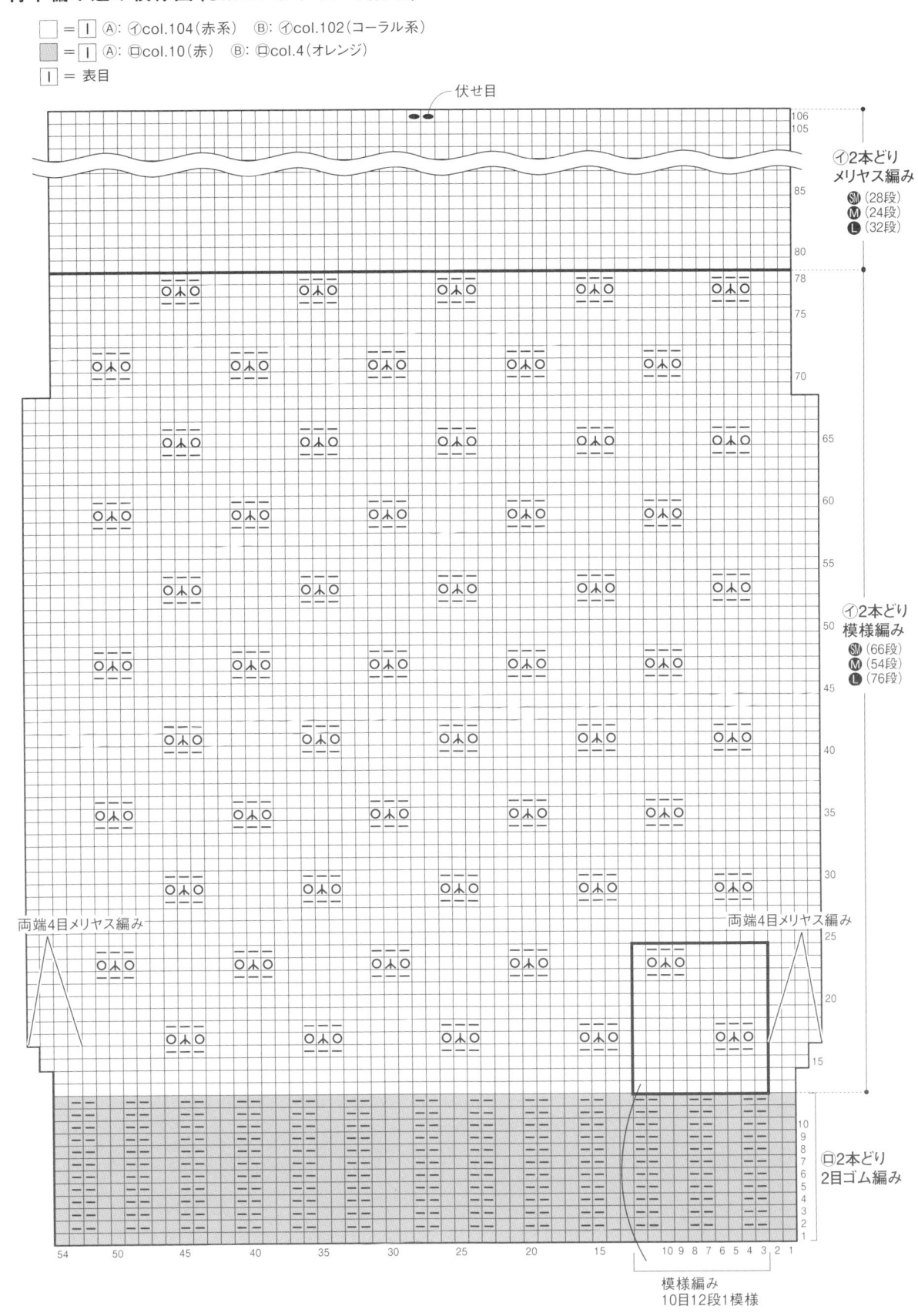

伏せ目

106
105

ⓘ2本どり
メリヤス編み
ⓢⓜ（28段）
Ⓜ（24段）
Ⓛ（32段）

85

80
78

75

70

65

60

55

50

ⓘ2本どり
模様編み
ⓢⓜ（66段）
Ⓜ（54段）
Ⓛ（76段）

45

40

35

30

両端4目メリヤス編み

25

両端4目メリヤス編み

20

15

□2本どり
2目ゴム編み

10
9
8
7
6
5
4
3
2
1

54　50　45　40　35　30　25　20　15　10 9 8 7 6 5 4 3 2 1

模様編み
10目12段1模様

03　p15

アーガイル模様

■ 材料

ハマナカ ソノモノアルパカウール
①col.43（こげ茶）
ハマナカ メンズクラブマスター
回col.66（ブルー）、Acol.7（ネイビー）、
⊟col.27（生成）
［モデル犬着用分 ①200g、回10g、A10g、
⊟5g］

■ 用具

ハマナカ アミアミ2本棒針、4本棒針 11号針

■ ゲージ

メリヤス編み10cm角＝15目×20段

■ 編み方のポイント

（糸は1本どりで編みます）

1 ［背中］は一般的な作り目、ケーブル編み
で編み始め、本体部分はアーガイル模
様を入れながらメリヤス編みで編む。

2 ［おなか］は一般的な作り目、ケーブル編み
で編み始め、本体部分はメリヤス編みで編
む。

3 ［背中］と［おなか］の♥、♡、♠、♤同
士をとじ合わせる。休めていた目を拾って
［襟］をケーブル編みで編み、2目ゴム編
み止めで止める。

4 ［背中］と［おなか］から目を拾って［袖］を
ケーブル編みで編み、2目ゴム編み止め
で目を止める。

5 アーガイル模様にメリヤス刺しゅうを入れ
て仕上げる。

モデル犬

LLサイズベース（Cを-3cm）

サイズ展開

	首回り(A)	胴回り(B)	背丈(C)	脚幅(D)	首～脇(E)	脇～腹(F)
Ⓜ	32c	50c	31c	5.5c	18c	7c
Ⓛ	38c	56.5c	40.5c	6.5c	20c	9c
ⓁⓁ	42c	64.5c	55.5c	8c	22c	11c

背中

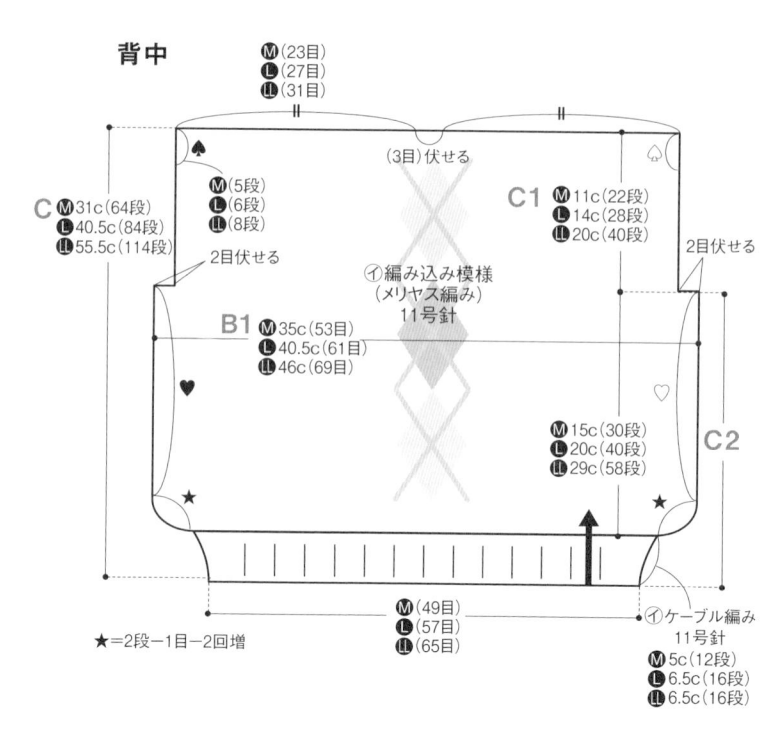

Ⓜ(23目)
Ⓛ(27目)
ⓁⓁ(31目)

（3目）伏せる

C Ⓜ31c(64段) Ⓛ40.5c(84段) ⓁⓁ55.5c(114段)

Ⓜ(5段) Ⓛ(6段) ⓁⓁ(8段)

2目伏せる

C1 Ⓜ11c(22目) Ⓛ14c(28目) ⓁⓁ20c(40段)

2目伏せる

①編み込み模様（メリヤス編み）11号針

B1 Ⓜ35c(53目) Ⓛ40.5c(61目) ⓁⓁ46c(69目)

C2

Ⓜ15c(30段) Ⓛ20c(40段) ⓁⓁ29c(58段)

★＝2段－1目－2回増

Ⓜ(49目) Ⓛ(57目) ⓁⓁ(65目)

①ケーブル編み11号針
Ⓜ5c(12段) Ⓛ6.5c(16段) ⓁⓁ6.5c(16段)

おなか

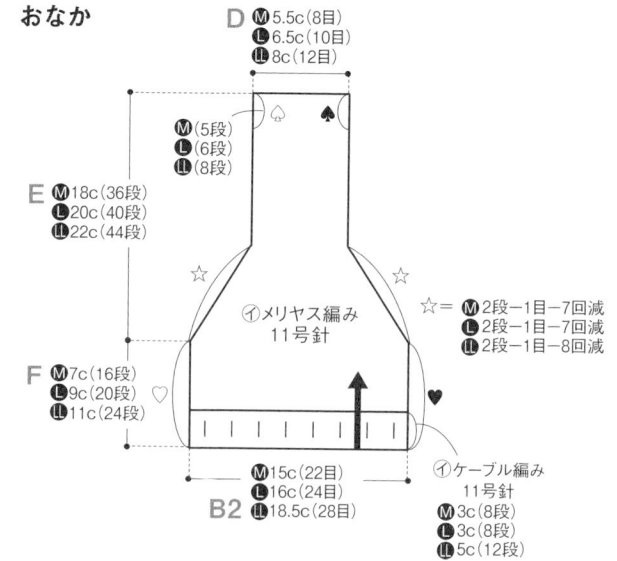

D Ⓜ5.5c(8目) Ⓛ6.5c(10目) ⓁⓁ8c(12目)

Ⓜ(5段) Ⓛ(6段) ⓁⓁ(8段)

E Ⓜ18c(36段) Ⓛ20c(40段) ⓁⓁ22c(44段)

①メリヤス編み11号針

☆＝ Ⓜ2段－1目－7回減 Ⓛ2段－1目－7回減 ⓁⓁ2段－1目－8回減

F Ⓜ7c(16段) Ⓛ9c(20段) ⓁⓁ11c(24段)

Ⓜ15c(22目) Ⓛ16c(24目) ⓁⓁ18.5c(28目)

B2

①ケーブル編み11号針
Ⓜ3c(8段) Ⓛ3c(8段) ⓁⓁ5c(12段)

襟

背中とおなかから目を拾い、均等に減らす
背中側1段めのリード通し穴は、
巻き目 Ⓦ で2目作る

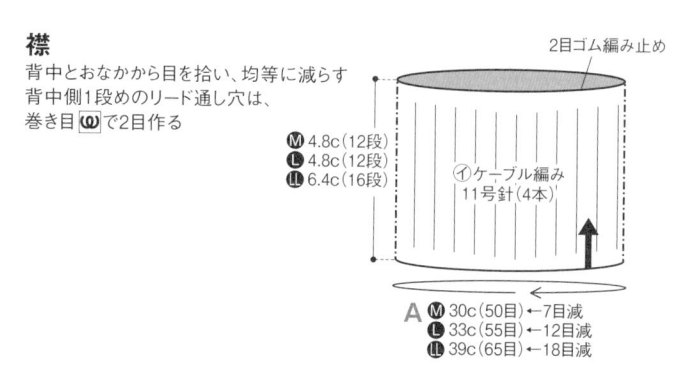

2目ゴム編み止め

Ⓜ4.8c(12段) Ⓛ4.8c(12段) ⓁⓁ6.4c(16段)

①ケーブル編み11号針(4本)

A Ⓜ30c(50目) ←7目減 Ⓛ33c(55目) ←12目減 ⓁⓁ39c(65目) ←18目減

━ サイズ調整のポイント ━

中心に模様を配置するので、作り目数は奇数にしましょう。

袖

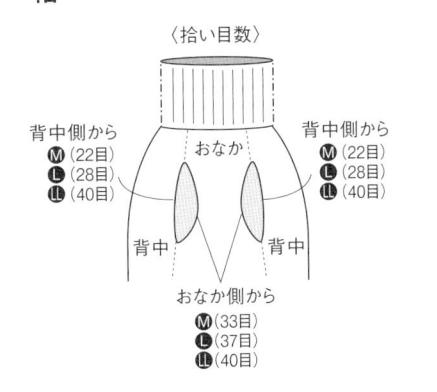

〈拾い目数〉

背中側から
Ⓜ(22目)
Ⓛ(28目)
ⓁⓁ(40目)

おなか

背中側から
Ⓜ(22目)
Ⓛ(28目)
ⓁⓁ(40目)

背中　　背中

おなか側から
Ⓜ(33目)
Ⓛ(37目)
ⓁⓁ(40目)

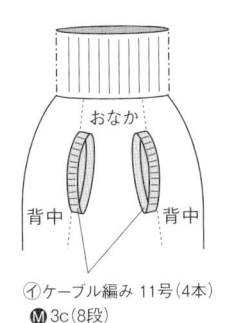

おなか

背中　　背中

イケーブル編み 11号(4本)
Ⓜ 3c(8段)
Ⓛ 3c(8段)
ⓁⓁ 3c(8段)

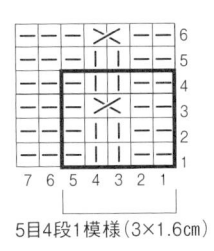

5目4段1模様(3×1.6cm)

背中編み込み模様図（Mサイズで説明）

□ = I イcol.43(こげ茶)
▨ = I ロcol.66(ブルー)
▦ = I ハcol.7(ネイビー)

I = 表目
● = ─ col.27(生成)で、模様の上から
　　　メリヤス刺しゅう(P68参照)を入れる

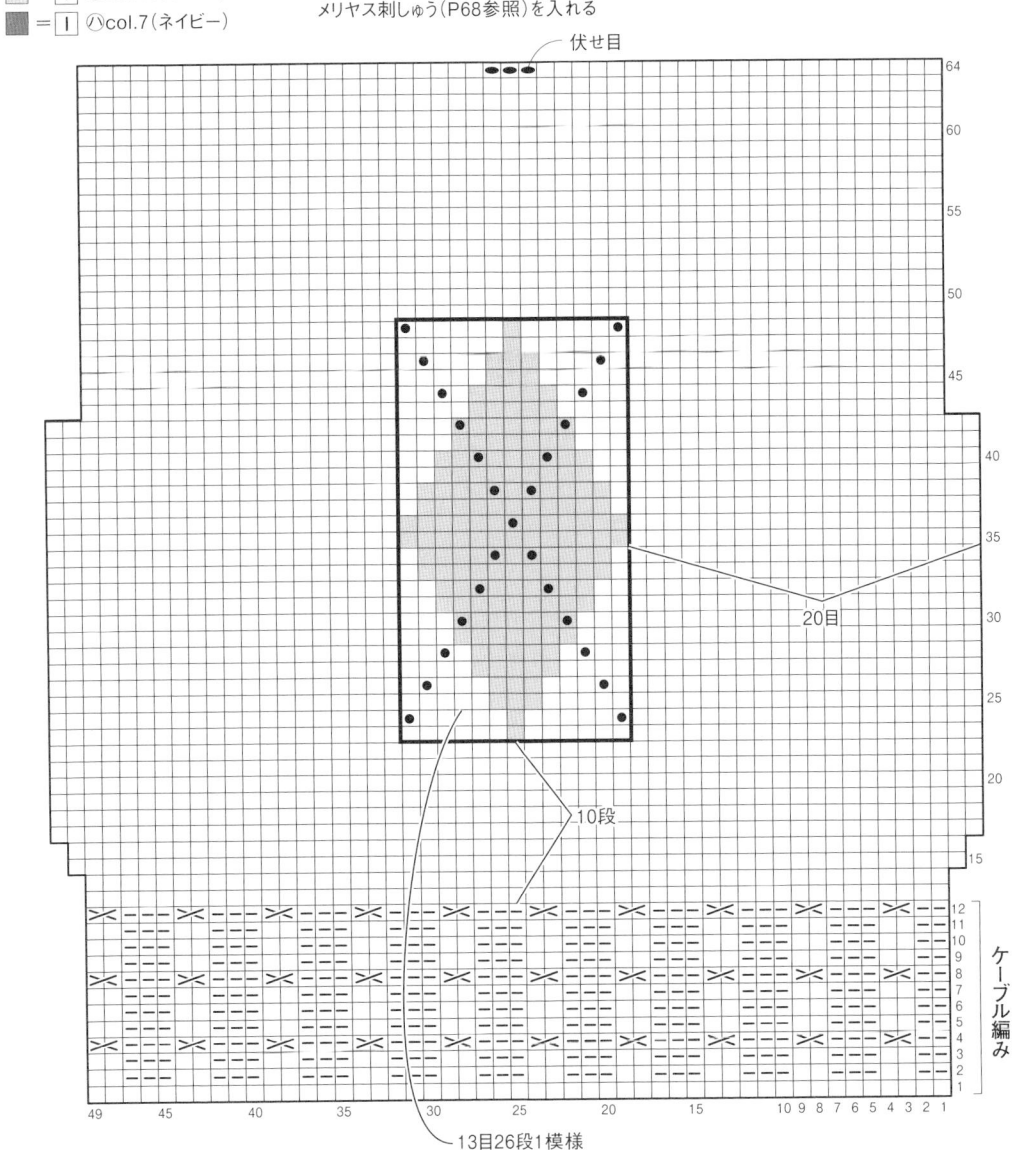

20目

10段

13目26段1模様

ケーブル編み

67

背中編み込み模様の配置図

- □ = I ㋑col.43（こげ茶）
- ▨ = I ㋺col.66（ブルー）
- ▉ = I ㋩col.7（ネイビー）
- I = 表目
- ● = ㊁col.27（生成）で、模様の上から
  メリヤス刺しゅう（下図参照）を入れる

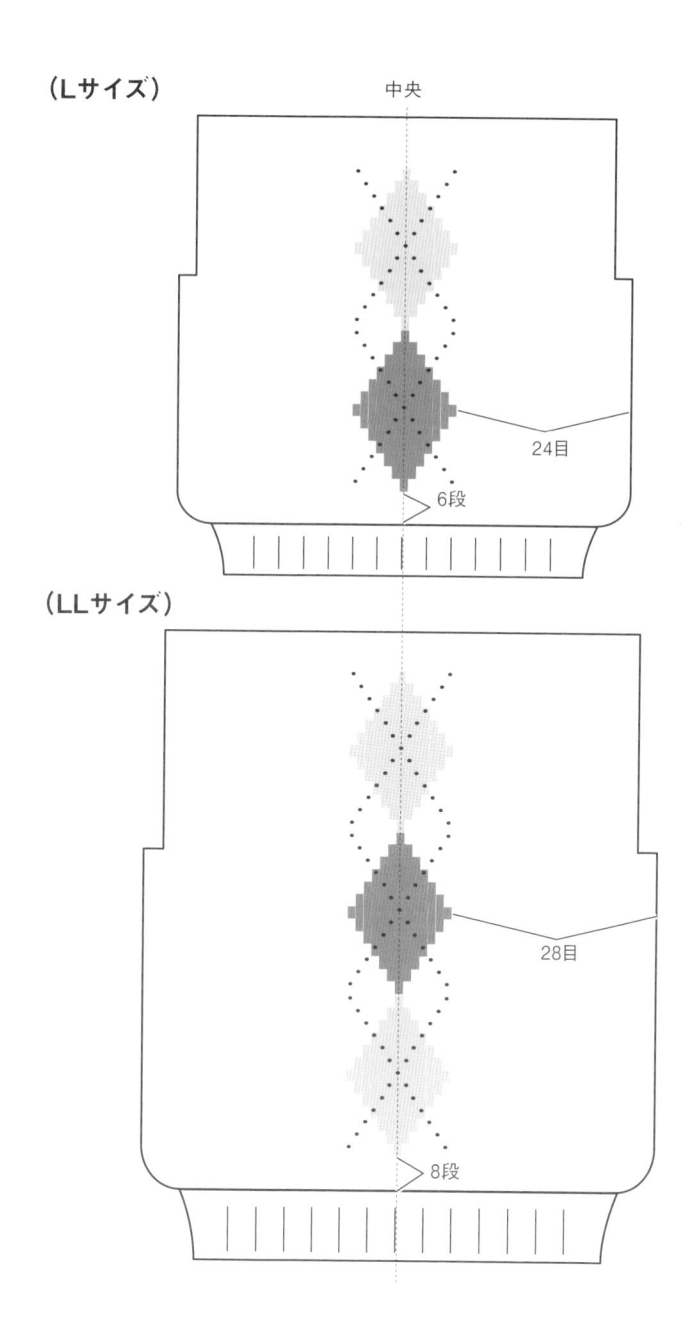

（Lサイズ）

中央

24目

6段

（LLサイズ）

28目

8段

メリヤス刺しゅう

1.

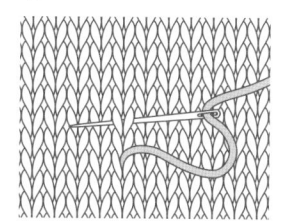

2.

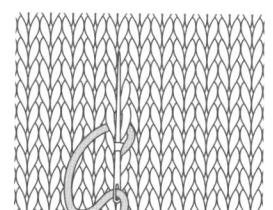

3.

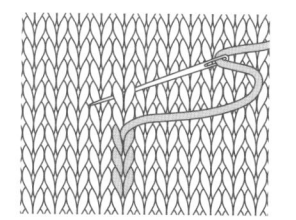

斜めに刺す場合

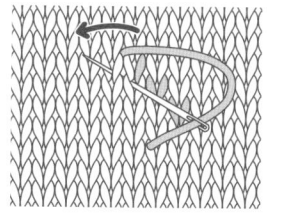

68

12 p30-31

ハート&クロス模様

Ⓐ ハート　Ⓑ クロス

■ 材料

Ⓐ ハマナカ メンズクラブマスター
㋑col.56(ライトグレー)、㋺col.68(ピンク)、
㋩col.69(青紫)
[モデル犬着用分 ㋑75g、㋺60g、㋩70g]
Ⓑ ハマナカ メンズクラブマスター
㋑col.46(モカ茶)、㋺col.62(コバルトブルー)、
㋩col.60(オレンジ)
[モデル犬着用分 ㋑85g、㋺75g、㋩80g]

■ 用具 (ⒶⒷ共通)

ハマナカ アミアミ2本棒針、4本棒針 11号針

■ ゲージ (ⒶⒷ共通)

編み込み模様A(1模様)6.2×9cm=10目×16段
編み込み模様B(1模様)1.2×3.8cm=2目×7段
編み込み模様C(1模様)6.2×1.8cm=10目×4段

■ 編み方のポイント (ⒶⒷ共通)

(糸は1本どりで編みます)

1 [背中]は一般的な作り目、1目ゴム編み
で編み始め、本体部分は編み込み模様
A、B、Cで編む。

2 [おなか]は一般的な作り目、1目ゴム編
みで編み始め、本体部分はメリヤス編み
と編み込み模様Cで編む。

3 [背中]と[おなか]の♥、♡、♠、♤同
士をとじ合わせる。休めていた目を拾って
[襟]を1目ゴム編みで編み、1目ゴム編み
止めで止める。

背中

Ⓜ(8段) Ⓛ(10段) ⓁⓁ(12段)
Ⓜ(23目) Ⓛ(28目) ⓁⓁ(31目)
Ⓜ(3目)伏せる Ⓛ(3目)伏せる ⓁⓁ(2目)伏せる

C Ⓜ30.5c(57段) Ⓛ40c(75段) ⓁⓁ62c(119段)

編み込み模様C 11号針 C1 Ⓜ8.5c(17段) Ⓛ15.5c(30段) ⓁⓁ19.5c(42段)

2目伏せる

編み込み模様B 11号針

2目伏せる

C2

B1 Ⓜ33c(53目) Ⓛ39c(63目) ⓁⓁ42c(68目)

編み込み模様A 11号針

Ⓜ18c(32段) Ⓛ19.5c(35段) ⓁⓁ36.5c(65段)

★=2段-1目-2回増

Ⓜ(49目) Ⓛ(59目) ⓁⓁ(64目)

㋩1目ゴム編み 11号針 Ⓜ0.5c(1段) Ⓛ0.5c(1段) ⓁⓁ0.5c(1段)

㋑1目ゴム編み 11号針 Ⓜ3.5c(7段) Ⓛ4.5c(9段) ⓁⓁ5.5c(11段)

おなか

D Ⓜ6c(10目) Ⓛ7.5c(12目) ⓁⓁ8.5c(14目)

Ⓜ(8段) Ⓛ(10段) ⓁⓁ(12段)

E Ⓜ18c(40段) Ⓛ20c(44段) ⓁⓁ21.5c(48段)

編み込み模様C 11号針

㋺メリヤス編み 11号針

F Ⓜ8c(18段) Ⓛ10c(22段) ⓁⓁ12c(26段) ♡

㋑1目ゴム編み 11号針 Ⓜ2.5c(5段) Ⓛ2.5c(5段) ⓁⓁ2.5c(5段)

㋩1目ゴム編み 11号針 Ⓜ0.5c(1段) Ⓛ0.5c(1段) ⓁⓁ0.5c(1段)

☆= Ⓜ2段-1目-10回減 Ⓛ2段-1目-8回減 ⓁⓁ2段-1目-11回減

Ⓜ18c(30段) Ⓛ16c(28段) ⓁⓁ22c(36段) B2

背中・おなか 編み込み模様の段数

	A	B
Ⓜ	18c(32段)	3.8c(7段)
Ⓛ	27c(48段)	3.8c(7段)
ⓁⓁ	36c(64段)	3.8c(7段)

	C(背中)	C(おなか)
Ⓜ	4.5c(10段)	18c(40段)
Ⓛ	4.5c(10段)	20c(44段)
ⓁⓁ	16.2c(36段)	21.5c(48段)

襟

背中とおなかから目を拾い、
均等に減らす
背中側1段めのリード通し穴は、
巻き目⦿でⓂは3目、
ⓁⓁは2目作る

1目ゴム編み止め

㋩1目ゴム編み 11号針 Ⓜ0.5c(1段) Ⓛ0.5c(1段) ⓁⓁ0.5c(1段)

1目ゴム編み 11号針(4本)

Ⓜ14c(30段) Ⓛ15c(32段) ⓁⓁ16c(34段)

㋑1目ゴム編み 11号針 Ⓜ14.5c(29段) Ⓛ15.5c(31段) ⓁⓁ16.5c(33段)

A Ⓜ30c(50目)←9段減 Ⓛ38c(64目)←7段減 ⓁⓁ42c(70目)←8段減

モデル犬

Ⓐ:Lサイズベース(Cを+8cm、Fを+3.5cm、襟を-1cm)
Ⓑ:LLサイズベース(Bを+3.5cm、Cを-3.5cm、E・Fを各-1cm、
襟はハイネックに 7cm/14段)

サイズ展開

	首回り(A)	胴回り(B)	背丈(C)	脚幅(D)	首~脇(E)	脇~腹(F)
Ⓜ	30c	51c	30.5c	6c	18c	8c
Ⓛ	38c	55c	40c	7.5c	20c	10c
ⓁⓁ	42c	64c	62c	8.5c	21.5c	12c

サイズ調整のポイント

模様はどこで切れても気にならないデザインです。おなかは減らし目をスター
トする部分からボーダーにするとかわいいし、もちろん無地でもOK。ボーダー
にする場合は、編み終わりの色が背中と同じになるように配色してください。

69

Ⓐ背中編み込み模様図（Mサイズで説明）

- □ = | Ⓐ：イcol.56（ライトグレー） Ⓑ：イcol.46（モカ茶）
- ▨ = | Ⓐ：ロcol.68（ピンク） Ⓑ：ロcol.62（コバルトブルー）
- ▥ = | Ⓐ：ハcol.69（青紫） Ⓑ：ハcol.60（オレンジ）
- □ = 表目　─ = 裏目

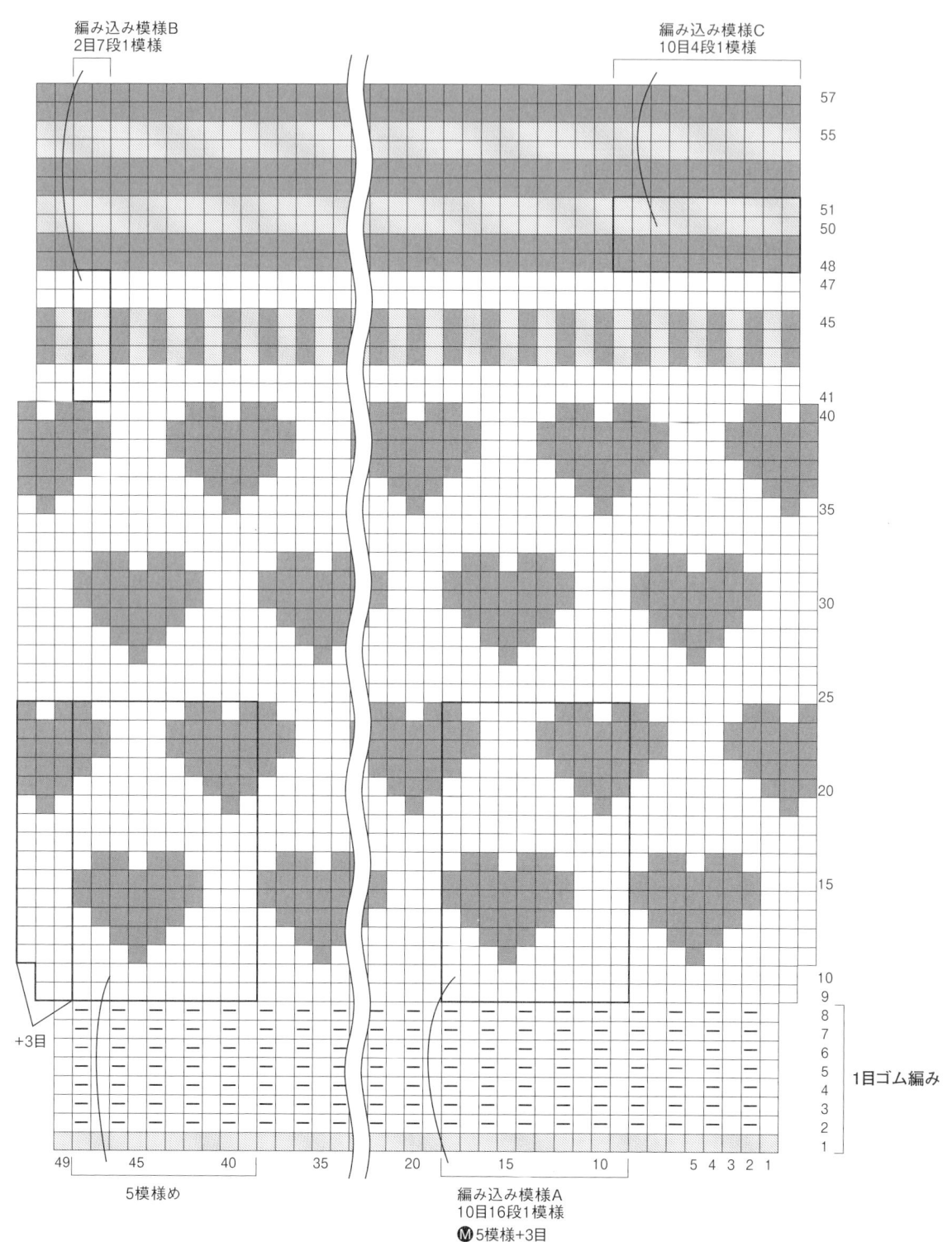

編み込み模様B
2目7段1模様

編み込み模様C
10目4段1模様

+3目

5模様め

1目ゴム編み

編み込み模様A
10目16段1模様
Ⓜ 5模様+3目
Ⓛ 6模様+3目
ⓁⓁ 6.5模様+3目

Ⓐ Ⓑ おなか編み込み模様図（Mサイズで説明）

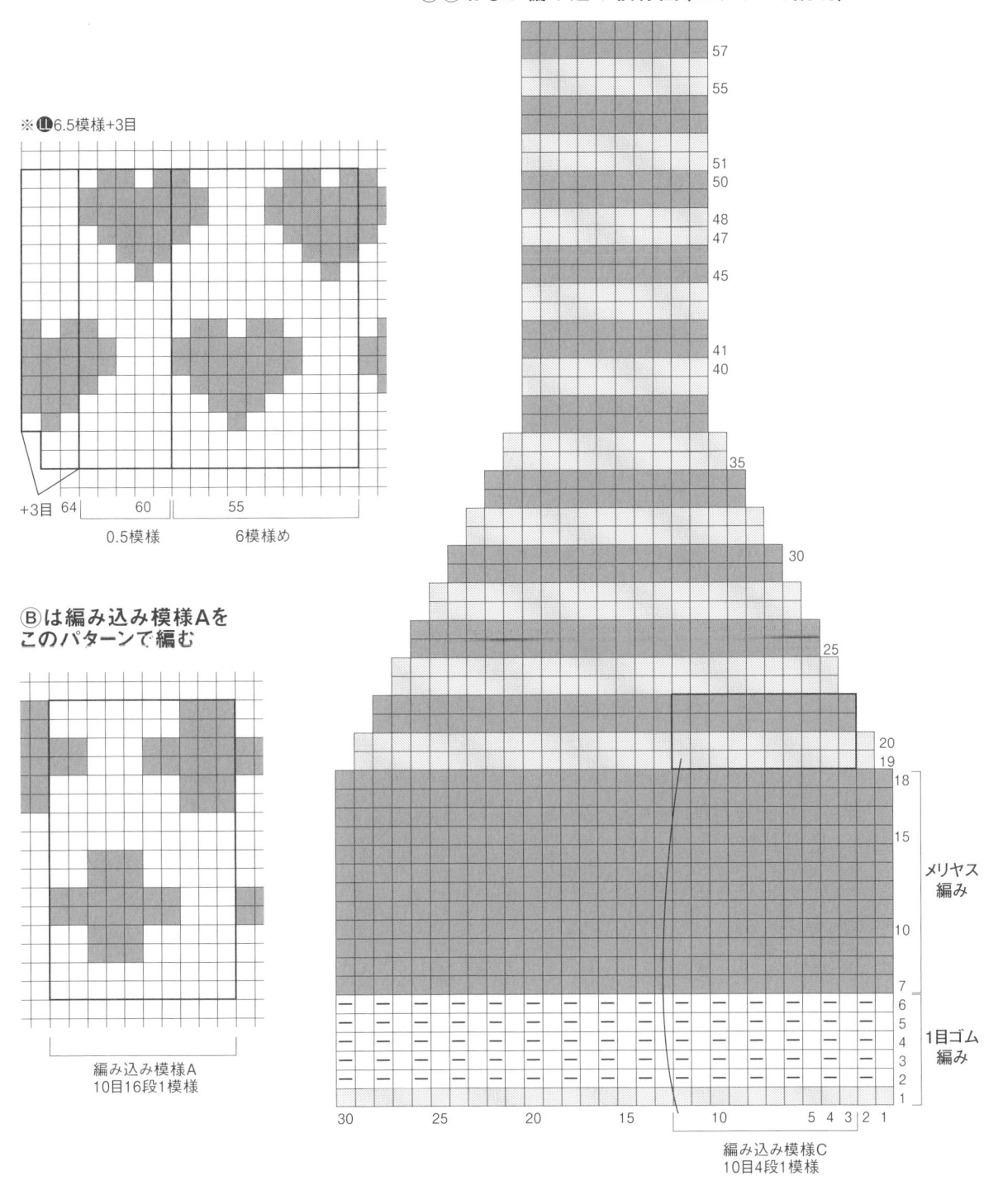

※ Ⓛ 6.5模様＋3目

+3目 64　60　55

0.5模様　　6模様め

Ⓑは編み込み模様Aを
このパターンで編む

編み込み模様A
10目16段1模様

編み込み模様C
10目4段1模様

メリヤス
編み

1目ゴム
編み

デザイン・制作

俵森朋子 (ひょうもり ともこ)

武蔵野美術短期大学卒。インテリアテキスタ
イルの企画デザインの仕事に従事する傍ら、
犬グッズのオリジナルブランド『SYUNA &
BANI』を友人と立ち上げる。その後、犬たちの
健康を考える『pas à pas』を鎌倉にオープン。

shop

神奈川県鎌倉市扇ヶ谷1-7-7 今小路荘203号室
Tel. 0467-38-7938
http://www.pas-a-pas-inuneco.com
Instagram pas_a_pas_inuneco

素材協力

ハマナカ株式会社
〒616-8585
京都市右京区花園薮ノ下町2番地の3
☎075-463-5151(代)

Staff

撮影……南雲保夫
ブックデザイン……門松清香
製図……山口裕子・守 真樹
　　　　(株式会社レシピア)
作品制作協力……黒田眞理子
編集……坂本典子

本書の内容に関するお問い合わせは、お手紙か
メール(jitsuyou@kawade.co.jp)にて承ります。
恐縮ですが、お電話でのお問い合わせはご遠慮く
ださいますようお願いいたします。

本書に掲載されている作品及びそのデザインの無
断利用は、個人的に楽しむ場合を除き、禁じられ
ています。本書の全部または一部(掲載作品の画
像やその作り方図等)をホームページに掲載した
り、店頭、ネットショップ等で配布、販売したりす
ることは、ご遠慮ください。

※本書は小社2015年刊『カラフルかわいい、犬の
セーター』を改題・改訂し、新装したものです。

Bonne journée!

改訂新版

編んであげたい♡

カラフルかわいい犬のセーター

2015年 9 月30日　初版発行
2019年10月20日　改訂新版初版印刷
2019年10月30日　改訂新版初版発行

発行者　　小野寺優
発行所　　株式会社河出書房新社
〒151-0051
東京都渋谷区千駄ヶ谷2-32-2
電話　　03-3404-1201(営業)
　　　　03-3404-8611(編集)
　　　　http://www.kawade.co.jp/

印刷・製本　三松堂株式会社

Printed in Japan
ISBN978-4-309-28761-4